Receitas Internacionais

A Cozinha
Espanhola

Marta Waldman

Melhoramentos

Dados Internacionais de Catalogação na Publicação (CIP)
(Câmara Brasileira do Livro, SP, Brasil)

Waldman, Marta
A cozinha espanhola / Marta Waldman. – São Paulo : Editora Melhoramentos, 2002. – (Receitas internacionais)

ISBN 85-06-03576-7

1. Culinária espanhola I. Título. II. Série.

02-0485 CDD-641.6531

Índices para catálogo sistemático:

1. Cozinha espanhola : Receitas: Culinária 641.6531

Fotos: Marcelo Breyne
Produção Culinária: Cecília Salomão
Produção de Objetos: Denise Costa e Camile Comandini

Nossos agradecimentos a: Raul's, Roupa de Mesa e Stella Ferraz Cerâmicas

Ilustrações: Iolanda Kofuji
Produção editorial e editoração eletrônica: HM Design

Atendimento ao consumidor:
Caixa Postal 2547 – CEP 01065-970 – São Paulo – Brasil

Edição: 4 3 2 1
Ano: 2005 04 03 02

ISBN: 85-06-03576-7

Impresso no Brasil

DO PINHEIRO AO LIVRO, UMA REALIZAÇÃO MELHORAMENTOS

A autora

Nasci e cresci em São Paulo. Estudei Ciências Sociais na USP, curso que me ensinou que a conquista da liberdade é incessante, e treinou o meu olhar a romper os panos da cegueira e enfrentar sempre o "novo".

Em 1990, o destino me empurrou para Barcelona, acompanhada pelos meus três filhos. Aproveitando o empurrão, fui atrás de um sonho antigo, profissionalizar um grande prazer que sempre tive: cozinhar. Fui aprender preciosidades como fazer um patê de fígado com uma textura incomparável, apurar a sensualidade de um suflê de cereja e sentir o forte perfume da sálvia sendo esfregada no cordeiro...

Voltei à Espanha para estudar na Escola de Hotelaria de Barcelona. Foi uma época cheia de inquietações, dúvidas, acertos e erros. Fiz alguns estágios em pequenos restaurantes, aprendi mais e retornei ao Brasil. Trabalhei em bufê, montei uma cozinha industrial, uma padaria e vários cardápios. A decisão de fazer este livro foi parte disso tudo, selecionei muitas receitas, algumas tradicionais, outras não. Agora tenho outros sonhos, novos desafios neste mundo conturbado e desigual. E assim como escreveu Levi Strauss em *O cru e o cozido*: "O início da civilização acontece quando o homem cozinha o seu alimento..." esse é mais um começo .

Neste livro você encontrará

Algumas palavras iniciais

Meu primeiro contato com a cozinha espanhola, muito antes de poder imaginar o quanto acabaria por me envolver com ela, foi há muitos anos, quando meu marido me preparou um pão com tomate e presunto cru.

Simples e delicioso, foi, entretanto, apenas uma curiosidade. O pão torrado, o tomate nele esfregado, o azeite, o sal – eventualmente o alho picado – e o presunto, apesar da sábia combinação de uns poucos ingredientes básicos, não chegavam a ser um prato. Muito pouco para deixar entrever a complexa e variadíssima cozinha espanhola.

O segundo contato importante ocorreu durante minha primeira viagem à Espanha. Viagem turística em que, na pressa dos poucos dias, muitas descobertas se acumularam. Barcelona, Madri, Bilbao, Sevilha e suas respectivas regiões apenas se insinuavam, na frenética viagem de carro durante um tórrido verão espanhol.

Nas ruas e nas praças fiz muitas refeições frugais. Bares e pequenos restaurantes, com suas mesas resguardadas debaixo de toldos junto às calçadas ou no frescor dos pátios internos das casas, ofereciam ao apressado viajante o repouso de alguns minutos e a possibilidade de degustar pequenas porções de uma variadíssima gama de opções. Apresentados em caçarolas de barro, lulas, camarões, vôngoles, mexilhões, embutidos, tortillas, aves, cogumelos e muitas outras delícias, preparados das mais variadas formas, constituíam um mosaico de seduções.

As tapas, escolhidas a dedo e servidas em pequenos pratos, acompanhadas por vinhos frescos, foram para mim uma verdadeira iniciação, pela possibilidade de experimentar, comparar e satisfazer a curiosidade, além do apetite. Algo entre beliscar e comer. Talvez até um estilo: sair para o "tapeo" é mais do que sair para conversar ou passear. É um programa para os espanhóis.

Houve depois outras viagens, todas curtas como a primeira. Mas a última, que se estendeu por três anos, foi o contato mais importante e definitivo, em que as impressões iniciais deram lugar à experiência insubstituível do viver. Um dia após o outro, fui descobrindo, passo a passo, as peculiaridades da variadíssima culinária que se esconde nas regiões que compõem a Espanha. Pouco a pouco, a partir de Barcelona, onde vivi, fui conhecendo não só a cozinha catalã, como a de outras regiões espanholas.

E esse conhecimento se deu não só em pequenos e anônimos restaurantes, mas também em outros reconhecidos por sua tradição ou, ainda, naqueles que vivem do sucesso circunstancial da moda. Ocorreu sobretudo na intimidade da cozinha familiar, nas muitas ocasiões em que a hospitalidade assim permitiu.

Este livro é, de certa forma, o resultado de todas essas descobertas.

O que você precisa saber

Na culinária espanhola não encontramos muitas receitas com carne de boi, porco, cordeiro ou até mesmo de aves, mas, em compensação abundam os peixes e frutos do mar. Com uma vasta costa, a Espanha com razão valoriza em sua culinária as delícias que vêm do mar. Basta lembrar a esplêndida Paella, que é praticamente o símbolo gastronômico do país. Damos a seguir uma relação dos peixes e frutos do mar mais utilizados nas receitas espanholas, e uma explicação de como prepará-los antes de utilizar nas receitas.

Bacalhau – O bacalhau fresco não existe no Brasil, mas às vezes vendem-se peixes semelhantes com esse nome. O mais comum e fácil de encontrar é o bacalhau salgado, que vem dos mares frios do norte da Europa. Deve ser deixado de molho para retirar o sal, de preferência em água gelada e na geladeira, por no mínimo 12 horas, trocando a água várias vezes. Depois, uma boa aferventada facilita a retirada da pele e das espinhas. De acordo com a receita, corte-o então em postas, em pedaços pequenos ou desfie.

Caçonete – É o cação ainda pequeno. Existem vários tipos de cação, espécie menor de tubarão, que chega a medir 3 metros de comprimento quando adulto. Sua carne é muito consumida e apreciada, principalmente por não ter espinhas. É vendido em postas.

Camarão – Existem camarões de diversos tipos e tamanhos. Podem ser encontrados inteiros ou já limpos, frescos ou congelados. Para limpar o camarão, primeiro retire a casca. Depois, sob a água da torneira, retire com cuidado a tripa da barriga, usando um palito. Lave bem para eliminar todas as impurezas.

Lagosta – A carne da lagosta é muito apreciada pelo seu sabor delicado. Para limpá-la, primeiro amarre as antenas junto ao corpo com um barbante. Leve ao fogo uma panela grande com bastante água e sal. Quando ferver, mergulhe a lagosta e cozinhe por 30 minutos. Deixe esfriar dentro da água. Depois de fria, retire a lagosta da panela e desamarre as antenas. Vire-a de costas e corte as barbatanas com uma tesoura. Faça um corte em cada lado do corpo, da cauda até a cabeça. Com cuidado, remova a membrana cortada. Em seguida, destaque a carne da carcaça. Por último, faça um corte e retire a tripa.

Linguado – É um dos peixes mais apreciados em todo o mundo. Tem o corpo achatado e os dois olhos do mesmo lado, o que lhe dá um aspecto estranho. Sua carne, porém, branca, magra e muito delicada, é servida em filés. Para cortar os filés faça o seguinte: corte as nadadeiras que contornam todo o peixe. Com o lado mais escuro virado para cima, dê um talho na pele junto ao rabo, levante-a com a ponta da faca e puxe-a. Faça o mesmo do outro lado do peixe. Corte a carne rente à cabeça e retire os filés, que se soltam com facilidade.

Lula – Para limpar a lula, comece fazendo

um corte ao longo do corpo, tomando cuidado para não atingir a bolsa de tinta. Abra a lula e retire as vísceras, a "pena" e a bolsa de tinta. Corte a cabeça logo acima da boca. Com a ponta da faca, levante um pedaço da pele, depois puxe-a inteira. Elimine a concha que fica ao redor da boca. Tire a pele dos tentáculos. Corte o corpo em rodelas, a cabeça em tirinhas e pique os tentáculos.

Marisco – É o nome muitas vezes usado para designar o mexilhão, mas na verdade o mexilhão é apenas um tipo de marisco, denominação que abrange várias espécies de moluscos com conchas.

Merluza – É um peixe que gosta de águas frias. Pode ser encontrada fresca, salgada ou congelada, já limpa e cortada em filés. A merluza salgada compete com o bacalhau, porém tem carne mais saborosa e com menos gordura do que este.

Mexilhão – É um marisco de concha escura e comprida, que vive preso a rochas à beira-mar. Na culinária espanhola é usado com muita freqüência, tanto como entrada quanto associado ao arroz ou a massas. Para limpar os mexilhões, primeiro escove as conchas sob água corrente. Depois, coloque-os em uma panela, tampe e leve ao fogo por cerca de 10 minutos. Os que se abrirem estão bons, os que se mantiverem fechados devem ser descartados. De acordo com a receita, retire-os da concha ou não.

Polvo – Outro molusco muito adotado na culinária espanhola. Para limpá-lo, vire o corpo para o avesso e retire as vísceras. Desvire para o direito e elimine os olhos. Retire a concha interna onde estão as mandíbulas. Com a ponta da faca, levante um pedaço da pele do corpo, depois puxe-a. A pele dos tentáculos não precisa ser retirada. Lave bem sob água corrente. Prepare de acordo com a receita.

Robalo – Sua carne é muito apreciada: branca, magra, sem espinhas, com sabor que lembra o do camarão. É um peixe grande, que atinge até 1,20 metro de comprimento e 15 kg, geralmente vendido em postas.

Salmão – Peixe de carne rosada, muito apreciado. Pode ser encontrado fresco ou defumado. Geralmente se consome em filés.

Sardinha – Peixe muito popular por seu sabor e baixo preço, tanto no Brasil quanto em Portugal e na Espanha. Tem carne escura e gordurosa. Pode ser encontrada fresca, defumada ou conservada em óleo.

Truta – Peixe de água doce, que vive em águas frias. Muito comum na Europa, pesa cerca de 1/2 kg e sua carne é bastante apreciada, principalmente grelhada.

Vieira – Molusco grande, geralmente preparado gratinado. Sua concha costuma ser usada para servir a brasileiríssima casquinha de siri.

Vôngole – Muito usado em molhos para massas ou combinado com arroz. Limpe da mesma forma que o mexilhão.

Glossário

Almeja
Vôngole, molusco de concha pequena, amarelada e estriada.

Almendra
Amêndoa, fruto seco com casca dura e uma pele que recobre a polpa. Para retirar a pele, basta deixar de molho em água quente por 2 minutos e depois levar ao forno por alguns minutos para secar. É empregada em pratos doces e salgados.

Avellana
Avelã, fruto seco semelhante à amêndoa, porém de formato arredondado e menos gordurosa que esta. A avelã também se presta a várias preparações culinárias, principalmente acompanhando o chocolate.

Basco
Originário da região basca, localizada no norte da Espanha.

Berenjena
Berinjela, legume que aparece com bastante freqüência na culinária espanhola.

Calamar
Lula, molusco de corpo alongado em forma de saco. Em volta da boca, tem tentáculos com ventosas. Na parte interna, a lula possui uma "pena" alongada e transparente. Uma das principais características da lula é a bolsa de sépia, uma tinta escura que o animal usa como defesa, mas que tem grande valor culinário. Um dos mais famosos pratos de origem espanhola é o Calamares en su tinta, um delicioso cozido de lula cujo molho é feito com a sépia.

Catalão
Originário da Catalunha, região localizada no oeste da Espanha, cuja capital é Barcelona.

Ciruela
Ameixa-preta. Pode ser consumida fresca ou seca. A seca geralmente é usada no preparo de caldas, musses, pudins, etc. Além disso, combina muito bem com pratos salgados, principalmente com carne de porco e aves.

Codorniz
Codorna. Quando selvagem, é considerada ave de caça. As criadas especialmente para a venda no mercado são de tamanho menor. Podem ser encontradas frescas, já limpas, ou congeladas.

Conejo
Coelho. Pode ser encontrado em açougues ou supermercados, fresco ou congelado.

Costa Brava
Litoral norte da Catalunha, mais famosa região costeira da Espanha.

Fidéos
Macarrão cortado em tiras (espaguete, talharim, etc.).

Gallego
Originário da região da Galícia, localizada no extremo leste do território espanhol.

Gambas
Camarões, de vários tipos e tamanhos. Fartamente utilizados na culinária espanhola, rica em frutos do mar, e um dos principais ingredientes da Paella.

Gazpacho
Sopa fria cremosa de legumes, servida com pedras de gelo no prato. Deliciosamente refrescante, é um bálsamo para os dias quentes do verão espanhol. Acompanham o Gazpacho, em tigelinhas à parte, rodelas de pepino, de pimentão e croûtons.

Guisante
Ervilha. Muito usada em vários tipos de preparo e como guarnição, pode ser encontrada fresca ou seca.

Glossário

Jamón
Presunto, cru ou cozido.

Mejillones
Mexilhões, marisco de concha escura e comprida, que vive preso a rochas à beira-mar.

Murciano
Originário da Múrcia, localizada na região sudeste da Espanha.

Paella
O mais famoso prato da culinária espanhola, composto basicamente de arroz e frutos do mar, temperado com açafrão. Conforme a região, pode ser enriquecido com peixe, frango ou lingüiça.

Pimientos
Pimentões de qualquer tipo ou cor: verde, vermelho ou amarelo. Largamente utilizados na culinária espanhola.

Pollo
Frango. Usado em várias preparações, assado, em sopas, cozidos, etc.

Puchero
Espécie de cozido que leva batata e vários tipos de carne. Depois de cozidos, os ingredientes são escorridos e servidos sem o caldo.

Puerro
Alho-porro, também conhecido por alho-poró ou simplesmente porro. Dele, aproveitam-se o talo e a parte mais tenra das folhas.

Pulpo
Polvo, molusco muito apreciado na Espanha, usado como entrada ou em preparo de pratos principais. O polvo tem oito tentáculos, cada um com duas fileiras de ventosas. Assim como a lula, o polvo também possui uma bolsa de tinta negra, mas que não é aproveitável na culinária, como acontece com a tinta da lula.

Relleno
Recheado. Legumes, peixes ou aves podem ser preparados com recheio.

Rodaballo
Robalo, peixe grande que atinge até 1,20 metro de comprimento e 15 kg, geralmente vendido em postas.

Salsa
Molho de qualquer tipo: salsa de tomate, salsa de alho, etc.

Sangría
Bebida (refresco) nacional da Espanha, preparada à base de vinho tinto, água e açúcar, com muitas variações: substituindo a água por soda, enriquecendo com frutas picadas e bebidas alcoólicas, como champanhe, conhaque, etc.

Tapas
Espécie de prato que é um pouco mais do que um simples tira-gosto. Servidas em pratos pequenos, acompanhadas de vinho, são quase uma refeição.

Tortilla
Omelete enriquecida com outros ingredientes. A mais famosa é a tortilla de batata.

Valenciana
Proveniente da província de Valência, uma das mais importantes da Espanha, localizada na costa leste do país.

Gaspacho ▶
(veja receita na página 11)

Sopas

Gazpacho andaluz
Gaspacho

Ingredientes para 4 pessoas:

1/2 pepino – 1 cebola – 1 dente de alho – 7 tomates maduros – 1/2 pimentão vermelho pequeno – 3/4 de litro de água – 1 fatia de pão, sem casca, molhado no vinagre – azeite de oliva – vinagre balsâmico – sal

Para acompanhar:
1/2 pepino – 2 ovos cozidos – 1/2 pimentão vermelho – croûtons

• Tempo de preparação: 15 min

Modo de fazer: Descasque o pepino, a cebola, o alho e pique-os. Junte os tomates e o pimentão e passe no triturador de alimentos. Deixe o purê de legumes repousar por 2 h na geladeira. Retire-o da geladeira e bata no liquidificador com a água, o pão, azeite de oliva, vinagre e sal a gosto. Se necessário, acrescente um pouco mais de vinagre. Passe a sopa por uma peneira e deixe na geladeira até a hora de servir.
Sirva acompanhado de pepino, ovo cozido e pimentão vermelho, todos bem picados, e croûtons, em tigelinhas separadas.

◄ Escalope de salmão com molho de pimentão (veja receita na página 26)

Sopa de pán ao estilo catalán
Sopa catalã de pão

Ingredientes para 4 pessoas:

400 g de pão do tipo italiano, picado – 1 1/2 litro de caldo de carne – 2 colheres de sopa de manteiga – 1 cebola média, bem picada – 2 dentes de alho – 6 amêndoas tostadas – 1 envelope de açafrão – 4 ovos cozidos

• Tempo de preparação: 15 min

Modo de fazer: Toste o pão no forno. Coloque o caldo de carne numa panela funda e deixe ferver. Quando estiver bem quente, junte o pão já torrado. Em outra panela, derreta a manteiga e frite a cebola e 1 dente de alho picado. Junte esse refogado à sopa. Amasse com um pilão o outro dente de alho, as amêndoas sem pele e o açafrão, até obter uma pasta. Adicione essa pasta à sopa. Por último, pique os ovos cozidos, junte à sopa e sirva bem quente.

◆ *Crema de pepinos a la menta* ◆

Creme de pepino e hortelã

Ingredientes para 4 pessoas:

1/2 kg de pepino – 1 colher de sopa de manteiga – 1 cebola grande, picada – 2 alhos-porros (somente a parte branca), fatiados – 1 dente de alho picado – sal – pimenta-do-reino – 2 xícaras de chá de água (ou caldo de galinha) – 2 xícaras de chá de creme de leite – 12 folhas de hortelã – cebolinha-verde – gotas de limão

• Tempo de preparação: 20 min

Modo de fazer: Descasque o pepino e corte-o em cubos. Em uma panela, coloque a manteiga, a cebola, o alho-porro e o dente de alho. Quando a cebola começar a murchar, acrescente o pepino, sal e pimenta-do-reino a gosto e mexa cuidadosamente. Coloque a água ou o caldo e deixe ferver por 10 min. Bata no liquidificador e deixe esfriar. Enquanto isso, bata o creme de leite, pique as folhas de hortelã e a cebolinha-verde. Misture todos os ingredientes e adicione gotas de limão. Sirva frio, enfeitado com folhas de hortelã.

◆ *Crema de gambas* ◆

Creme frio de camarão

Ingredientes para 4 pessoas:

1 colher de sopa de azeite de oliva – 2 colheres de sopa de manteiga – 800 g de camarão com casca e cabeça – 1 talo de salsão branco, picado – 2 cenouras, picadas – 2 cebolas médias, picadas – 2 ramos de tomilho – 1 folha de louro – 1 litro de fumê de peixe (veja receita na página 17) – 5 colheres de sopa de creme de leite fresco

• Tempo de preparação: 15 min

Modo de fazer: Coloque em uma panela funda, em fogo baixo, o azeite e 1 colher de sopa de manteiga, os camarões inteiros, o salsão, a cenoura, a cebola, os ramos de tomilho e o louro. Tampe a panela. Após 4 min, aproximadamente, os camarões já estarão fritos. Retire metade dos camarões e descasque-os. Coloque as cabeças e as cascas de volta à panela, acrescente mais 1 colher cheia de manteiga e deixe ferver por alguns minutos. Bata no liquidificador e passe por uma peneira. Coloque esse creme de volta à panela, junte o fumê de peixe e deixe secar um pouco o líquido. Retire do fogo e espere esfriar. Bata ligeiramente o creme de leite e acrescente-o ao creme já frio. Misture os camarões descascados e sirva.

Crema fría de almejas
Creme frio de vôngole

Ingredientes para 4 pessoas:

1 kg de vôngole – sal – 1 colher de sopa de azeite de oliva – 2 colheres de sopa de manteiga – 2 alhos-porros (somente a parte branca), fatiados – 1 cebola grande, picada – 1 cenoura, picada – 1 talo de salsão, picado – 1 copo de vinho branco seco – 1 litro de fumê de peixe (veja receita na página 17) – 2 gemas – 1 xícara de chá de creme de leite – salsa – cebolinha-verde

Roux
2 colheres de sopa de manteiga – 3 colheres de sopa de farinha de trigo

• Tempo de preparação: 15 min

Modo de fazer: Lave bem os vôngoles e coloque-os numa travessa funda com água e sal. Em uma panela, coloque o azeite e 1 colher de sopa de manteiga e deixe aquecer em fogo baixo. Escorra os vôngoles. Junte à panela onde estão a manteiga e o azeite já quentes os vôngoles escorridos, o alho-porro, a cebola, a cenoura e salsão picados. Frite os vôngoles e os legumes, mexendo continuamente. Junte o vinho e o fumê. Quando os vôngoles começarem a abrir, coloque os já abertos para escorrer numa peneira e elimine os que não abrirem.
Para o roux, leve a manteiga ao fogo baixo e deixe-a derreter. Acrescente a farinha de trigo, misture bem até dourar e retire do fogo. Junte ao roux o caldo com os legumes, os vôngoles, as gemas, o creme de leite, a salsa e a cebolinha-verde bem picadas.

Sopa de pescado ao estilo vasco
Sopa de peixe basca

Ingredientes para 4 pessoas:

2 colheres de sopa de azeite de oliva – 1 colher de sopa de manteiga – 3 dentes de alho, picados – 1 cebola grande, picada – 2 alhos-porros (somente a parte branca), picados – 1 ramo de salsa, picado – 2 cenouras, picadas – 3 tomates maduros, picados – 2 cabeças de linguado – 6 camarões médios limpos – 200 g de caçonete em postas – 10 vôngoles – 1 folha de louro – sal – pimenta-do-reino – 1 litro de água quente

Para acompanhar:
croûtons – 200 g de queijo Ementhal ralado

• Tempo de preparação: 25 min

Modo de fazer: Em uma panela funda, coloque o azeite, a manteiga, o alho, a cebola, o alho-porro, a salsa e a cenoura. Quando os legumes começarem a dourar, adicione o tomate, deixe refogar um pouco e acrescente as cabeças de linguado, os camarões, as postas de caçonete, os vôngoles, o louro, sal, pimenta-do-reino e a água quente. Deixe ferver por 20 min. Coe o caldo, separe e pique a carne de caçonete, os camarões, os vôngoles, a cabeça de linguado e recoloque na sopa, que deverá ser servida quente, acompanhada de croûtons e de queijo Ementhal ralado.

Arroz

◆ *Arroz negro* ◆

Arroz negro

Ingredientes para 4 pessoas:

800 g de lulas de tamanho médio – 3 colheres de sopa de azeite de oliva – 3 cebolas médias, picadas – 4 dentes de alho, picados – 2 pimentões vermelhos médios, picados – 5 tomates maduros, sem pele e sem sementes, picados – 3 xícaras de chá de fumê de peixe (veja receita na página 17) – sal – 800 g de arroz – 1/2 kg de camarão médio, já limpo – salsa picada

• Tempo de preparação: 25 min

Modo de fazer: Limpe as lulas, reserve a tinta e corte-as em rodelas. Coloque o azeite numa panela de barro ou frigideira e frite as rodelas de lula. Quando começarem a dourar, acrescente a cebola, o alho e o pimentão. Deixe refogar e junte o tomate. Aumente o fogo e deixe o caldo reduzir rapidamente. Junte o fumê de peixe, sal a gosto e cozinhe. Enquanto isso, lave o arroz e misture-o ao caldo. Acrescente a tinta das lulas e deixe cozinhar por 15 min. Adicione os camarões e empurre-os delicadamente para dentro do arroz. Cozinhe por mais 5 min, salpique com a salsa picada e sirva na própria panela em que foi feito.

> **Observação:** Para retirar a tinta das lulas, lave-as bem, puxe os tentáculos, procure a bolsa de tinta e esprema-a em um copo com um pouco de água.

◆ *Arroz vasco* ◆

Arroz basco com vôngoles

Ingredientes para 4 pessoas:

4 colheres de sopa de azeite de oliva – 4 dentes de alho, picados – 2 cebolas médias, picadas – 1 pimentão verde, picado – 1 pimentão vermelho, picado – 700 g de vôngole – 2 xícaras de chá de arroz – 750 ml de fumê de peixe (veja receita na página 17) – sal – pimenta-do-reino – salsa picada

• Tempo de preparação: 15 min

Modo de fazer: Para preparar este arroz com vôngole de acordo com a maneira basca, siga esta ordem: coloque o azeite numa panela de barro, juntamente com 2 dentes de alho, a cebola, os pimentões e refogue tudo até secar. Junte os vôngoles e mexa delicadamente com uma colher de pau até que comecem a abrir. Coloque o arroz já lavado e mexa novamente. Acrescente o fumê, adicione sal e pimenta-do-reino a gosto e deixe cozinhar por 10 min. Junte os 2 dentes de alho restantes e a salsa picada. Deixe cozinhar até que o arroz fique macio. Desligue o fogo, tampe a panela, espere cerca de 5 min e sirva.

◆ *Arroz con bacalao* ◆

Arroz com bacalhau

Ingredientes para 4 pessoas:

1/2 kg de bacalhau – 3 colheres de sopa de azeite de oliva – 2 cebolas, picadas – 5 dentes de alho, picados – 1 pimentão vermelho grande, picado – 2 xícaras de chá de arroz – páprica doce – pimenta-do-reino – 150 g de ervilha fresca – sal – 6 corações de alcachofra ou 6 alcachofras pequenas, cortadas ao meio – salsa picada

• Tempo de preparação: 20 min

Modo de fazer: Deixe o bacalhau de molho por 15 h, trocando a água várias vezes. Reserve 750 ml da água em que o bacalhau ficou de molho. Ferva o bacalhau e corte-o em lascas. Em uma panela de barro, coloque o azeite e frite a cebola e 2 dentes de alho. Junte o pimentão, o bacalhau, o arroz, a páprica doce, a pimenta-do-reino e a água reservada. Deixe cozinhar por alguns minutos e acrescente a ervilha. Prove e, se necessário, acrescente sal. Na fase final do cozimento, junte os corações de alcachofra, os 3 dentes de alho restantes e a salsa picada. Mexa cuidadosamente e deixe cozinhar até que o arroz fique macio.

◆ *Arroz murciano* ◆

Arroz murciano

Ingredientes para 4 pessoas:

4 colheres de sopa de azeite de oliva – 300 g de lingüiça de lombo de porco – 1/2 frango cortado à passarinho – 2 cebolas médias, picadas – 4 dentes de alho, picados – 2 pimentões vermelhos médios, picados – 4 tomates maduros, sem pele e sem sementes, cortados em cubinhos – 2 xícaras de chá de arroz – 1 envelope de açafrão – 750 ml de caldo de frango (veja receita na página 40) – sal – pimenta-do-reino – 300 g de vôngole – salsa picada

• Tempo de preparação: 25 min

Modo de fazer: Em uma panela de barro ou frigideira grande, coloque o azeite e as lingüiças. Frite em fogo médio durante alguns minutos. Coloque os pedaços de frango e deixe dourar. Adicione ao refogado a cebola, o alho e o pimentão. Quando a cebola estiver murcha, junte o tomate e cozinhe em fogo médio até secar. Lave o arroz. Misture o açafrão ao caldo de galinha. Junte cuidadosamente ao refogado o arroz e o caldo, mexendo vagarosamente. Prove e, se necessário, acrescente sal e pimenta-do-reino a gosto. Lave muito bem os vôngoles e espalhe-os sobre o arroz, deixando cozinhar até o arroz ficar macio e o caldo ser absorvido. Desligue o fogo e tampe a panela, deixando por 4 ou 5 min para tomar gosto. Salpique a salsa picada sobre o arroz e sirva.

◆ *Paella valenciana* ◆
Paella valenciana

Ingredientes para 4 pessoas:

7 camarões grandes – 1/2 kg de lula – 200 g de mexilhão – sal – 3 colheres de sopa de azeite de oliva – 400 g de costela de porco – 200 g de lingüiça de lombo – 1/2 frango cortado à passarinho – 2 cebolas médias, picadas – 100 g de vagem, cortada miúdo – 4 tomates, sem pele e sem sementes, bem picados – 2 pimentões vermelhos, picados – 3 dentes de alho – 750 ml de fumê de peixe (veja receita na página 17), quente – 1 colher de sopa de páprica doce – 1 envelope de açafrão – 2 xícaras de chá de arroz – 1/2 xícara de chá de ervilha fresca – salsa picada

• Tempo de preparação: 35 min

Modo de fazer: Lave os camarões, mantendo-os inteiros e com as cascas. Limpe as lulas e corte-as em rodelas.
Lave os mexilhões, raspe bem as conchas e deixe-os em uma tigela com água e sal. Em uma panela de barro ou frigideira grande, coloque o azeite e frite os camarões inteiros. Retire os camarões e reserve. Na mesma panela, coloque as costelas de porco e deixe dourar em fogo alto. Junte as lingüiças e o frango, deixe dourar e, finalmente, coloque a cebola, a vagem, o tomate, o pimentão e 1 dente de alho. Abaixe o fogo e deixe reduzir o caldo. Acrescente as lulas e o fumê previamente aquecido, a páprica e o açafrão. Junte o arroz e misture delicadamente. Durante o cozimento, acrescente a ervilha. Em uma panela grande com um pouco de água, coloque os mexilhões, tampe e deixe ferver por 5 min. Os mexilhões que não abrirem deverão ser descartados. Retire do fogo e reserve. Na fase final do cozimento, acrescente os 2 dentes de alho restantes e a salsa e mexa delicadamente. Enfeite com os mexilhões e os camarões e deixe cozinhar até que o arroz fique macio. Desligue o fogo, tampe a panela, espere cerca de 5 min e sirva.

◆ *Paella marinera* ◆

Paella à marinheira

Ingredientes para 4 pessoas:

1/2 kg de camarão grande – 1/2 kg de lula – 250 g de vôngole – 250 g de mexilhão – sal – 4 colheres de sopa de azeite de oliva – 700 g de cação em postas ou badejo – 2 cebolas médias, picadas – 2 pimentões vermelhos médios, picados – 3 tomates, sem pele nem sementes, picados – 2 xícaras de chá de arroz – 1 envelope de açafrão – sal – pimenta-do-reino – 3 dentes de alho, picados – salsa picada – 750 ml de fumê de peixe (veja receita abaixo)

Fumê

1 kg de carcaça de peixe de água salgada (cabeça e espinhas) – 1 cebola grande, picada – 2 dentes de alho, picados – 1 bouquet garni (1/2 alho-porro, 1 folha de louro, 1 ramo de salsa e 1 ramo de tomilho, amarrados firmemente com um barbante) – 3 talos de salsão, picados – 1 cenoura, picada – 2 tomates maduros, picados – 1 litro de água – 1 copo de vinho branco seco – 15 grãos de pimenta-do-reino – 1 talo de erva-doce, picado – sal

• Tempo de preparação: 50 min

Modo de fazer: Lave os camarões, mantendo-os inteiros, com a casca. Limpe as lulas e corte-as em rodelas. Lave bem os vôngoles e os mexilhões e deixe-os em uma vasilha com água e sal por 30 min. Em uma panela de barro, aqueça o azeite e frite os camarões. Retire-os e reserve. Coloque as rodelas de lula na mesma panela e deixe dourar em fogo alto. Abaixe o fogo e acrescente as postas de peixe, a cebola, o pimentão e o tomate. Em outra panela, coloque um pouco de água, os mexilhões e os vôngoles, tampe e deixe no fogo por 5 min, sacudindo a panela duas ou três vezes. Os que não abrirem deverão ser descartados. Acrescente o arroz lavado ao refogado.
Para fazer o fumê, coloque todos os ingredientes em uma panela e leve ao fogo alto até ferver. Deixe cozinhar por 40 min, em fogo médio, retirando a espuma que se formar. Passe tudo por uma peneira.
Na fase final do cozimento da Paella, junte ao fumê o açafrão, sal e pimenta-do-reino a gosto e adicione à panela. Acrescente o alho e salsa picada e mexa. Enfeite com os camarões, os mexilhões e os vôngoles e deixe cozinhar até que o arroz fique macio.
Desligue o fogo, tampe a panela e deixe descansar por 4 ou 5 min antes de servir.

Massas

◆ *Espaguete con mejillones* ◆
Espaguete com mexilhões

Ingredientes para 4 pessoas:

2 kg de mexilhão – sal – azeite de oliva – 2 cebolas médias, picadas – 2 dentes de alho, picados – 1 copo de vinho branco seco – pimenta-do-reino – roux (veja receita na página 13) – 200 g de creme de leite – 2 gemas – 1/2 kg de espaguete – salsa picada – 100 g de queijo parmesão ralado

• Tempo de preparação: 50 min

Modo de fazer: Lave bem os mexilhões e coloque-os em água e sal por 30 min. Escorra. Em uma frigideira grande, coloque o azeite, a cebola e o alho e deixe dourar. Acrescente os mexilhões, tampe e deixe ferver por 7 min, sacudindo a frigideira. Os mexilhões que não abrirem deverão ser eliminados. Acrescente o vinho branco e a pimenta-do-reino e deixe cozinhar por alguns minutos. Retire os mexilhões da frigideira, separe-os das cascas e reserve. Cozinhe o caldo por 5 min e passe-o por uma peneira. Faça o roux. Misture o creme de leite com as gemas e acrescente ao roux. Adicione este creme ao caldo e reserve. Cozinhe o espaguete com bastante água, escorra-o e misture-o rapidamente ao creme. Enfeite com os mexilhões, polvilhe com salsa picada e o queijo ralado e sirva.

◆ *Canelone con gambas* ◆
Canelone com camarão

Ingredientes para 4 pessoas:

8 folhas de canelone cozidas – 8 fatias de salmão defumado – 1/2 litro de maionese com ervas – 1 1/2 xícara de chá de creme de leite – 10 camarões médios, cozidos e picados – 8 pitus, cozidos e picados – 6 talos de salão, cortados em fatias finas – azeite de oliva – sal

• Tempo de preparação: 25 min

Modo de fazer: Coloque as folhas de canelone cozidas em cima de uma superfície lisa e arrume sobre elas as fatias de salmão. Bata uma maionese com ervas e junte vagarosamente o creme de leite. Misture parte dessa maionese aos camarões e pitus picados e reserve o restante. Coloque os camarões e pitus em cima do salmão e enrole os canelones. Disponha-os numa travessa de servir e cubra-os com o restante da maionese. Frite o salsão no azeite de oliva em fogo baixo, tempere com um pouco de sal e distribua em volta dos canelones.
Sirva frio, mas não gelado.

Lulas ao molho de tinta
(veja receita na página 30) ▶

◆ *Canelone de espinacas y jamón* ◆

Canelone de espinafre e presunto

Ingredientes para 4 pessoas:

1 maço de espinafre – 2 cebolas, picadas – 2 colheres de sopa de manteiga – 200 g de presunto, cozido ou cru, cortado em cubinhos – noz-moscada ralada – pimenta-do-reino – sal – 2 xícaras de chá de creme de leite fresco – 8 folhas de canelone – 1/2 litro de molho bechamel (veja receita abaixo) – queijo parmesão ralado

Molho bechamel
1 colher de sopa de manteiga – 1 colher de sopa de farinha de trigo – 1/2 litro de leite – sal – 1 pitada de noz-moscada ralada

• Tempo de preparação: 30 min

Modo de fazer: Lave cuidadosamente o espinafre e ferva-o com pouca água por 2 min. Escorra-o e esprema bem para retirar toda a água. Doure a cebola na manteiga. Misture o presunto com a cebola. Pique bem o espinafre. Junte-o ao presunto e à cebola. Tempere com noz-moscada, pimenta-do-reino e sal a gosto (se usar presunto cru, diminua o sal). Junte o creme de leite e deixe reduzir lentamente, até que o recheio fique bem espesso. Cozinhe os canelones, recheie-os, cubra-os com o molho bechamel e polvilhe com o parmesão ralado. Leve ao forno para gratinar e sirva imediatamente.

Molho bechamel
Numa panela, derreta a manteiga, polvilhe por cima a farinha de trigo e cozinhe por 3 min em fogo baixo, mexendo sem parar. Despeje o leite aos poucos, mexendo para não encaroçar. Quando tiver engrossado, deixe ferver por alguns minutos. Tempere com sal e a noz-moscada.

◆ *Fideoá* ◆

Espaguete com vôngole e camarão

Ingredientes para 4 pessoas:

1 colher de sopa de azeite de oliva – 3 dentes de alho com casca – 200 g de vôngole limpo – 1 envelope de açafrão – 400 g de espaguete de grão duro, cortado em pedaços de 3 cm – 300 g de camarão médio, limpo – 1 litro de fumê de peixe (veja receita na página 17), quente – salsa picada

• Tempo de preparação: 35 min

Modo de fazer: Numa panela rasa de barro, coloque o azeite, frite os dentes de alho e reserve. Na mesma panela, coloque os vôngoles, o açafrão, o macarrão e frite até que o macarrão fique transparente. Junte o camarão e depois vá adicionando o fumê quente, à medida que for necessário. Descasque e amasse os dentes de alho e junte-os ao caldo. Enfeite com salsa picada.

◄ Peito de pato com molho espanhol (veja receita na página 43)

◆ *Fidéos con almejas a la Costa Brava* ◆

Macarrão com vôngole à moda da Costa Brava

Ingredientes para 4 pessoas:

1/2 kg de caçonete em postas ou badejo – 6 batatas grandes, descascadas – 1 cebola grande, picada – 2 alhos-porros, fatiados – 2 talos de salsão, fatiados – 4 dentes de alho, picados – 1 envelope de açafrão – 250 g de vôngole limpo – 300 g de camarão médio, inteiro e limpo – 1/2 kg de lula, limpa e cortada em rodelas – 3 colheres de sopa de azeite de oliva – 400 g de espaguete de grão duro, cortado em pedaços de 3 cm – sal – 1 xícara de chá de aioli (veja receita abaixo)

Aioli
5 dentes de alho – 1/2 litro de azeite de oliva – sal – 3 gemas

• Tempo de preparação: 35 min

Modo de fazer: Em uma panela grande e alta, coloque bastante água para ferver. Limpe as postas de caçonete e coloque-as na água para cozinhar. Adicione as batatas inteiras e a cebola picada. Acrescente o alho-porro, o salsão, 2 dentes de alho picados, o açafrão, os vôngoles, os camarões inteiros e a lula. Deixe cozinhar por 10 min. Em uma panela de barro, coloque o azeite, junte o macarrão e os 2 dentes de alho restantes, picados, e deixe fritar até que o macarrão fique transparente. Adicione aos poucos o caldo do peixe coado. Prove e, se necessário, acrescente sal. Deixe cozinhar por cerca de 15 min e sirva na panela do cozimento. Arrume cuidadosamente em uma travessa o peixe, o vôngole, os camarões, a lula e as batatas. Sirva o aioli à parte.

Aioli
Misture todos os ingredientes e bata no liquidificador.

◆ *Canelone de verano* ◆

Canelone de verão

Ingredientes para 4 pessoas:

300 g de tomate maduro – 8 folhas de canelone – 200 g de atum em conserva – 2 cebolas médias, picadas – 2 pimentões vermelhos médios, picados – 2 ovos cozidos, picados – maionese – salsa picada

• Tempo de preparação: 30 min

Modo de fazer: Escalde os tomates, retire a pele e as sementes e bata no liquidificador. Leve ao fogo e deixe ferver até reduzir o líquido. Cozinhe os canelones e reserve. Escorra o atum e refogue em seu azeite a cebola e o pimentão. Acrescente o atum escorrido, os ovos cozidos picados e o molho de tomate. O recheio deve ficar bem espesso. Recheie os canelones, cubra-os com maionese e salpique com salsa picada. Sirva frio.

Tapas

Ensalada del mar
Salada de frutos do mar

Ingredientes para 4 pessoas:

1/2 copo de vinho branco seco – 1 cebola, picada – 3 dentes de alho, picados – pimenta-do-reino branca, em grão – 1 pimenta dedo-de-moça, picada – 2 ramos de tomilho fresco – 300 g de lula, cortada em anéis – 300 g de camarão médio, já limpo – 150 g de vôngoles – 3 talos de salsão, cortados em fatias – azeitona verde picada – sal – pimenta-do-reino – 1/2 xícara de chá de azeite de oliva – 1 1/2 colher de sopa de vinagre balsâmico

Torradas de alho
manteiga – alho picado – fatias de pão italiano, amanhecido

• Tempo de preparação: 30 min

Modo de fazer: Numa panela, coloque o vinho branco, a cebola, o alho, as pimentas e os ramos de tomilho. Leve ao fogo e deixe ferver por 5 min. Junte a lula, cozinhe por 5 min, escorra e reserve. No mesmo caldo, cozinhe o camarão e reserve. Por último, cozinhe os vôngoles, descartando os que não abrirem. Numa tigela, misture os frutos do mar cozidos com o salsão, a azeitona, sal, pimenta-do-reino, o azeite e o vinagre balsâmico. Sirva acompanhada de torradas de alho.

Torradas de alho
Numa frigideira, derreta a manteiga e doure o alho. Despeje numa tigelinha e leve à geladeira. Quando quiser fazer as torradas, passe um pouco de manteiga com alho no pão e leve ao forno apenas para derreter a manteiga e dourar ligeiramente.

Tortilla de patata
Omelete de batata

Ingredientes para 4 pessoas:

azeite de oliva – 3 cebolas grandes, picadas – 1/2 kg de batata – sal – 6 ovos

• Tempo de preparação: 30 min

Modo de fazer: Numa frigideira média, coloque o azeite necessário e a cebola picada e deixe murchar. Retire e deixe escorrer sobre uma toalha de papel. Corte as batatas em pedaços pequenos e frite no mesmo azeite. Espalhe a batata com uma colher de pau para que fique toda coberta pelo azeite. Cubra a frigideira com uma tampa e deixe a batata bem abafada. Quando estiver macia, retire e escorra sobre uma toalha de papel. Coloque a cebola e a batata numa tigela, misture e tempere com sal a gosto. Bata bem os ovos e misture com a batata e a cebola. Coloque azeite em uma frigideira e aqueça bem. Despeje a mistura de batata, cebola e ovo e cozinhe por alguns minutos, em fogo baixo, sacudindo a frigideira para não grudar. Quando a parte inferior da omelete estiver firme, vire-a com cuidado para não quebrar. Deixe dourar e sirva.

◆ *Torta catalana* ◆

Torta catalã

Ingredientes para 4 pessoas:

Para a massa:
2 xícaras de chá de farinha de trigo – 1 colher de café de sal – 100 g de manteiga – 1 gema – 1 colher de sopa de água gelada

Para o recheio:
5 tomates maduros, cortados em fatias finas – 3 abobrinhas com casca, cortadas em rodelas finas – sal – pimenta-do-reino – 7 dentes de alho, com a casca – azeite de oliva – ervas aromáticas (cebolinha-verde, manjericão, salsa), picadas

• Tempo de preparação: 1 h 30 min

Modo de fazer: Numa tigela, misture a farinha de trigo, o sal e a manteiga em pedaços. Amasse com os dedos até esfarelar. Junte a gema e a água gelada e misture bem. Faça uma bola com a massa, cubra e leve à geladeira por 30 min. Depois desse tempo, abra a massa e forre com ela o fundo e os lados de uma fôrma de aro removível de 22 cm de diâmetro. Faça alguns furos na massa com um garfo, leve ao forno e asse por 8 min. Retire do forno e recheie a torta, intercalando camadas de tomate e abobrinha, polvilhadas com sal e pimenta-do-reino. Distribua os dentes de alho por cima e regue com azeite. Leve de volta ao forno por aproximadamente 30 min. Polvilhe com as ervas picadas e sirva.

◆ *Tostadas con pimientos, melón y anchovas* ◆

Torradas com pimentão, melão e enchovas

Ingredientes para 4 pessoas:

4 fatias grandes de pão tipo italiano, com 2 cm de espessura – 4 tomates maduros – sal – azeite de oliva – 2 dentes de alho com casca – 4 pimentões vermelhos médios – fatias finas de melão – 8 filés de enchova

• Tempo de preparação: 35 min

Modo de fazer: Toste as fatias de pão na chapa, dos dois lados. Corte os tomates ao meio e esfregue as metades em um dos lados de cada fatia. Depois que o pão estiver umedecido, polvilhe-o com sal e regue com azeite de oliva. Frite os dentes de alho em azeite até amolecerem. Retire a casca, amasse-os com um garfo e espalhe sobre o pão. Lave os pimentões, unte-os com azeite e coloque-os no forno até que a pele comece a se soltar. Retire a pele e coloque sobre o pão. Em cima do pimentão, disponha as fatias de melão e, sobre estas, os filés de enchova.

Peixes e frutos do mar

Vieiras con jamón

Vieiras com presunto cru

Ingredientes para 4 pessoas:

12 vieiras – sal – suco de 1 limão – azeite de oliva – 3 cebolas picadas – salsa picada – 12 fatias finas de presunto cru, cortadas em quadradinhos – pimenta-do-reino – 1 colher de sopa de páprica doce – farinha de rosca

- Tempo de preparação: 25 min

Modo de fazer: Limpe as vieiras, tempere-as com sal e deixe de molho no suco de limão por 15 min. Escorra-as bem. Aqueça um pouco de azeite numa frigideira, passe rapidamente as vieiras e reserve. Coloque mais azeite na frigideira e refogue a cebola, a salsa, o presunto, sal, pimenta-do-reino e a páprica doce. Retire do fogo e recheie cada vieira com o refogado. Polvilhe com farinha de rosca e leve ao forno até aquecer bem. Sirva a seguir.

Sugestão: Outra maneira de montar este prato é colocar uma fatia bem fina de presunto cru embaixo de cada vieira, cobrir com o refogado e polvilhar com farinha de rosca.

Vieiras con salsa de azafrán

Vieiras com molho de açafrão

Ingredientes para 4 pessoas:

16 vieiras – 5 colheres de sopa de manteiga – 1 cebola grande, picada – 4 colheres de sopa de vermute seco – 1 xícara de chá de vinho branco seco – 4 tomates maduros, sem pele e sem sementes, picados em cubinhos – 1/2 colher de sopa de açafrão – 16 aspargos verdes – 1/2 copo de creme de leite – sal – pimenta-do-reino

- Tempo de preparação: 20 min

Modo de fazer: Abra as vieiras, separe-as cuidadosamente de sua concha, lave bem e reserve. Derreta metade da manteiga em uma frigideira e frite as vieiras rapidamente, até que se tornem opacas. Retire do fogo e reserve. Na mesma frigideira, derreta o restante da manteiga, junte a cebola picada e frite-a até murchar. Acrescente o vermute, o vinho, o tomate picado e o açafrão. Deixe cozinhar lentamente até reduzir o caldo. Enquanto isso, lave os aspargos, corte-os em pedaços, coloque em água fervente por alguns minutos, depois escorra. Junte ao molho as vieiras, o aspargo, o creme de leite, sal e pimenta-do-reino a gosto. Deixe cozinhar em fogo baixo por 3 min e sirva.

◆ *Puchero de marisco a la española* ◆
Mariscos à espanhola

Ingredientes para 4 pessoas:

1/2 kg de mexilhão na concha – 300 g de vôngole na concha – 1 copo de vinho branco seco – sal – pimenta-do-reino – 1/2 kg de lula fresca – 4 colheres de sopa de azeite de oliva – 2 cebolas picadas – 2 dentes de alho, picados – 1 colher de sopa de suco de limão – 2 tomates maduros, sem pele nem sementes, picados – 1 copo de fumê de peixe (veja receita na página 17) – 1/2 kg de camarão limpo – 2 colheres de sopa de salsa picada

• Tempo de preparação: 30 min

Modo de fazer: Em uma panela grande, coloque os mexilhões, os vôngoles, o vinho, sal e pimenta-do-reino. Tampe e deixe cozinhar em fogo alto por 5 min, sacudindo a panela. Os mariscos que não abrirem deverão ser descartados. Coe o caldo que ficou na panela e ferva até que o líquido se reduza à metade. Retire os mariscos de suas conchas, reservando algumas para decoração. Limpe as lulas e corte-as em rodelas. Coloque o azeite em uma frigideira grande, junte a cebola e o alho e frite até que murchem. Adicione a lula e deixe fritar em fogo baixo por 10 min. Acrescente o suco de limão, o tomate, o fumê, o líquido de cozimento reduzido, sal e pimenta-do-reino. Mexa energicamente e deixe cozinhar em fogo médio por 10 min. Junte os mexilhões, os vôngoles e os camarões, mexa e cozinhe por 4 min. Polvilhe com salsa picada, enfeite com as conchas reservadas e sirva.

◆ *Escalope de salmón con salsa de pimiento* ◆
Escalope de salmão com molho de pimentão

Ingredientes para 4 pessoas:

6 pimentões vermelhos médios – 2 pimentões verdes médios – 600 g de salmão, cortado em filés – azeite de oliva – sal – pimenta-do-reino – suco de limão

• Tempo de preparação: 20 min

Modo de fazer: Asse todos os pimentões no forno, retire a pele e reserve. Em uma frigideira, frite levemente os filés de salmão no azeite e tempere com sal e pimenta-do-reino. Bata 4 pimentões vermelhos no liquidificador, acrescentando algumas gotas de limão e um pouco de azeite. Corte os pimentões restantes em tiras grossas. Em uma travessa, coloque o molho, arrume os filés de salmão por cima e distribua em volta as tiras de pimentão. Sirva a seguir.

◆ *Mejillones a la marinera* ◆
Mexilhões à marinheira

Ingredientes para 4 pessoas:

1 1/2 kg de mexilhão – sal – 6 colheres de sopa de azeite de oliva – 3 dentes de alho, picados – 2 cebolas pequenas, bem picadas – 2 colheres de sopa de farinha de trigo – 1 colher de sopa de páprica picante – 1 copo de vinho branco seco – 1/2 copo de fumê de peixe (veja receita na página 17) – salsa picada

- Tempo de preparação: 15 min

Modo de fazer: Limpe as conchas dos mexilhões com uma escova, cubra-os com água e sal e deixe de molho durante 30 min para eliminar a areia. Em uma panela rasa de barro, coloque o azeite, o alho e a cebola. Quando começar a dourar, polvilhe a farinha de trigo e a páprica, mexa bem e deixe refogar. Escorra os mexilhões, enxugue-os bem e coloque-os na panela, sacudindo-a com cuidado. Junte o vinho branco e o fumê. Quando os mexilhões começarem a abrir, polvilhe com a salsa picada e sirva.

◆ *Ensalada de escalibada con sardinas en aceite* ◆
Salada de sardinha

Ingredientes para 4 pessoas:

1/2 litro de azeite de oliva – 1/2 copo de vinagre de vinho tinto – 1/2 copo de água – 1 cabeça de alho – tomilho – louro – 700 g de sardinha fresca, limpa e sem cabeça – sal – pimenta-do-reino – 2 pimentões vermelhos médios – 4 tomates maduros – 2 berinjelas pequenas – 2 cebolas médias

- Tempo de preparação: 1 h

Modo de fazer: Coloque em uma panela rasa de barro o azeite, o vinagre, a água, os dentes de alho inteiros, tomilho e louro a gosto. Limpe as sardinhas, coloque-as na panela e tempere com sal e pimenta-do-reino. Tampe e deixe cozinhar lentamente em fogo baixo por 45 min. Retire a panela do fogo e espere esfriar. Enquanto isso, lave os pimentões, os tomates, as berinjelas e descasque as cebolas. Unte-os com azeite de oliva e coloque no forno. Quando as peles começarem a se soltar, retire do forno, remova as peles com cuidado e corte os vegetais em tiras. Em uma travessa grande, arrume as sardinhas no centro e distribua os vegetais em volta. Sirva frio, mas não gelado.

Mejillones a la crema

Mexilhões com creme

Ingredientes para 4 pessoas:

2 kg de mexilhão – sal – 1 colher de sopa de azeite de oliva – 1 cebola grande, picada – salsa picada – pimenta-do-reino em grão moída na hora – 2 copos de vinho branco – 3/4 de xícara de chá de farinha de trigo – 1 gema – 1 xícara de chá de creme de leite fresco – 1 colher de sopa de manteiga

- Tempo de preparação: 20 min

Modo de fazer: Limpe as conchas dos mexilhões com uma escova, cubra-os com água e sal e deixe de molho durante 30 min para eliminar a areia. Em uma panela grande, coloque o azeite, a cebola, salsa picada e a pimenta-do-reino moída. Quando a cebola dourar, adicione o vinho branco e deixe aquecer. Junte os mexilhões escorridos, tampe a panela e deixe cozinhar por 5 min, sacudindo-a de vez em quando. Os mexilhões que não abrirem devem ser eliminados. Retire os mexilhões da panela, coe o caldo do cozimento e deixe em fogo alto até reduzir o líquido. Separe os mexilhões de suas conchas. Misture a farinha de trigo com a gema e o creme de leite, tempere com sal e mexa bem. Junte ao molho e mexa até que fique espesso. Retire do fogo e junte a manteiga. Coloque os mexilhões numa travessa, coe o molho quente por cima e sirva em seguida.

Pulpo estilo Illa

Polvo à Illa

Ingredientes para 4 pessoas:

1 1/2 kg de polvo – sal – pimenta-do-reino – louro – 8 batatas médias, cortadas em fatias grossas – azeite de oliva – 4 dentes de alho, picados – 2 colheres de sopa de páprica picante – salsa picada

- Tempo de preparação: 40 min

Modo de fazer: Lave o polvo. Coloque água numa panela grande com sal, pimenta-do-reino e louro e leve ao fogo para ferver. Quando a água estiver fervendo, com a ajuda de um garfo, coloque e retire o polvo da panela três vezes. Na terceira, junte as fatias de batata e deixe cozinhar em fogo médio até que ambos estejam macios. O polvo e a batata levam o mesmo tempo para cozinhar. Escorra o polvo e, com a ajuda de uma tesoura de cozinha, corte-o em rodelas e reserve. Em uma frigideira de ferro, coloque azeite de oliva, o alho picado e deixe dourar. Acrescente a páprica. Misture com o polvo e a batata, polvilhe com salsa e sirva.

Pulpo gallego
Polvo galego

Ingredientes para 4 pessoas:

sal – pimenta-do-reino – louro – 3 kg de polvo limpo – 1 batata grande, inteira – azeite de oliva – 3 cabeças de alho, picadas – 3 cebolas grandes, cortadas em rodelas – 1 colher de sopa de páprica picante – 4 conchas de molho de tomate – 1 copo de vinho branco seco – salsa picada

- Tempo de preparação: 40 min

Modo de fazer: Em uma panela grande, coloque água com sal, pimenta-do-reino e louro e leve ao fogo. Quando estiver fervendo, mergulhe o polvo na água com a ajuda de um garfo de cozinha. Retire-o da água e coloque-o novamente três vezes. Na terceira, deixe-o na água e acrescente a batata, deixando cozinhar. Em seguida, escorra o polvo e corte-o em rodelas. Coloque numa panela grande azeite, o alho picado, a cebola e a páprica. Quando estiver dourado, acrescente o polvo, o molho de tomate, o vinho e refogue até reduzir o líquido. Salpique com salsa picada e sirva.

Calamares rellenos
Lulas recheadas

Ingredientes para 4 pessoas:

1 kg de lula pequena, fresca e inteira – azeite de oliva – 200 g de camarão pequeno – 1/4 de xícara de chá de queijo ralado – salsa picada – 2 colheres de sopa de farinha de rosca – 4 colheres de sopa de farinha de trigo – 2 cebolas médias, picadas – 1 copo de vinho branco seco – 1 1/2 copo de molho de tomate – sal – pimenta-do-reino – 2 colheres de sopa de amêndoa picada – 1/2 kg de ervilha fresca – manteiga

- Tempo de preparação: 30 min

Modo de fazer: Limpe as lulas, pique os tentáculos e frite-os no azeite. Limpe os camarões, pique-os, frite no mesmo azeite e reserve. Misture o camarão com os tentáculos fritos e acrescente o queijo ralado, salsa picada e a farinha de rosca. Recheie as lulas, passe-as na farinha de trigo, retirando o excesso, e frite. Vire constantemente as lulas para não grudarem, retire-as e reserve-as. Na mesma frigideira, frite a cebola até começar a murchar. Junte o vinho, o molho de tomate, sal e pimenta-do-reino a gosto. Misture delicadamente e recoloque as lulas. Deixe cozinhar lentamente em fogo baixo por 5 min. Por último, adicione a amêndoa e salsa picada. Sirva acompanhado de ervilha passada na manteiga.

◆ *Calamares en su tinta* ◆
Lulas ao molho de tinta

Ingredientes para 6 pessoas:

1 kg de lula pequena, fresca e inteira – azeite de oliva – 3 cebolas – 1/4 de xícara de chá de salsa bem picada – 2 ovos cozidos, picados – 2 colheres de sopa de farinha de rosca – sal – 2 colheres de sopa de farinha de trigo – 1 copo de molho de tomate – 1/2 copo de vinho branco seco – 1 copo de fumê de peixe (veja receita na página 17) – pimenta-do-reino moída na hora

• Tempo de preparação: 30 min

Modo de fazer: Limpe as lulas. Retire a tinta das bolsas, misture com um pouco de água e reserve. Pique os tentáculos, frite-os no azeite e reserve. No mesmo azeite, frite 2 cebolas fatiadas e junte os tentáculos, parte da salsa, os ovos picados e a farinha de rosca. Misture tudo muito bem, tempere com sal a gosto e reserve. Enxugue as lulas e recheie-as, fechando-as com um palito. Passe as lulas na farinha de trigo, retirando o excesso, e frite no azeite, virando-as sempre para não grudarem. Retire-as e reserve. No mesmo azeite, doure a cebola restante picada, depois adicione o molho de tomate, o vinho branco, o fumê, sal e pimenta-do-reino e deixe cozinhar por 10 min. Misture a tinta ao refogado e junte as lulas. Deixe cozinhar por 10 min, em fogo baixo. Se secar, adicione mais fumê. Espalhe por cima o restante da salsa picada e sirva imediatamente.

◆ *Salmón con almendras* ◆
Salmão com amêndoas

Ingredientes para 4 pessoas:

6 postas de salmão – sal – farinha de trigo – 3 colheres de sopa de manteiga – 1/4 de copo de licor de amêndoa – 200 g de amêndoa sem pele, torrada e picada – 300 ml de creme de leite fresco – 1 copo de fumê de peixe (veja receita na página 17)

• Tempo de preparação: 15 min

Modo de fazer: Tempere as postas de salmão com sal e passe-as na farinha de trigo. Frite-as na manteiga, vagarosamente, em fogo baixo. Acrescente o licor de amêndoa e flambe. Retire as postas e reserve. Adicione ao molho a amêndoa picada, o creme de leite, o fumê e deixe reduzir o líquido. Coloque as postas numa travessa, regue com o molho e sirva.

◆ *Merluza con gambas* ◆
Merluza com camarão

Ingredientes para 4 pessoas:

4 filés grandes de merluza – sal – 2 colheres de sopa de manteiga – 2 xícaras de chá de fumê de peixe (veja receita na página 17) – 8 camarões grandes e limpos – Molho à americana (veja receita ao lado)

Molho à americana
azeite de oliva – 3 cebolas médias, fatiadas – 2 cenouras, cortadas em rodelas – 4 talos de salsão, picados – 4 alhos-porros, fatiados – 300 g de camarão pequeno, com casca e cabeça – 4 colheres de sopa de conhaque – 4 tomates grandes, sem pele e sem sementes, cortados em cubinhos – 2 copos de vinho branco seco

• Tempo de preparação: 35 min

Modo de fazer: Lave os filés de merluza, enxugue e tempere com sal. Unte uma fôrma refratária com parte da manteiga, arrume os filés, regue com o fumê e coloque no forno alto por 10 min. Frite os camarões no restante da manteiga, junte o molho à americana e reserve. Retire os filés de merluza da fôrma e leve-a de volta ao forno para reduzir o caldo. Depois de reduzido, misture o caldo com o molho reservado. Regue os filés, arrumando em volta os camarões. Leve ao forno por mais alguns minutos e sirva.

Molho à americana
Coloque azeite numa panela e junte a cebola, a cenoura, o salsão e o alho-porro. Deixe refogar devagar em fogo baixo. Acrescente o camarão e frite até dourar. Adicione o conhaque e flambe. Junte o tomate, o vinho branco e um pouco de água e deixe cozinhar por 15 min. Depois de cozido, bata tudo no liquidificador e passe por uma peneira. Leve ao fogo até que o líquido fique bem reduzido.

◆ *Brandada de bacalao* ◆

Creme de bacalhau

Ingredientes para 4 pessoas:

1/2 kg de bacalhau – tomilho – louro – noz-moscada ralada – 2 dentes de alho, picados – azeite de oliva – 6 batatas médias, descascadas – 1/2 litro de creme de leite fresco – sal – pimenta-do-reino preta moída – 100 g de uva passa – 100 g de pinhão descascado

• Tempo de preparação: 25 min

Modo de fazer: Deixe o bacalhau de molho por 15 h, trocando a água várias vezes. Ferva o bacalhau rapidamente com tomilho, louro e noz-moscada; escorra-o e reserve. Doure o alho em azeite e reserve. Ferva as batatas, passe-as pelo espremedor e reserve. Ferva o creme de leite em fogo baixo até reduzi-lo a 1/3 de seu volume e reserve. Tire a pele e as espinhas do bacalhau e desfie-o bem. Vá juntando o azeite com o alho dourado, a batata amassada, o creme reduzido, sal e pimenta-do-reino a gosto. Mexa bem. Em uma frigideira, frite em azeite a uva passa e o pinhão. Junte ao bacalhau. Unte fôrmas refratárias individuais, coloque nelas o creme de bacalhau e leve ao forno para gratinar. Sirva quente.

Merluza a la vasca

Merluza à basca

Ingredientes para 4 pessoas:

800 g de merluza (ou pescada branca) – sal – pimenta-do-reino – 1 copo de vinho branco seco – 2 colheres de sopa de manteiga – 1 cebola picada – 1 copo de fumê de peixe (veja receita na página 17) – 20 vôngoles – 2 colheres de sopa de amêndoa, torrada e picada – 2 gemas – 12 aspargos verdes, cozidos em água e sal – suco de limão – salsa picada

- Tempo de preparação: 30 min

Modo de fazer: Corte a merluza em postas e tempere com sal, pimenta-do-reino e 1/2 copo de vinho branco; reserve. Unte com um pouco de manteiga uma fôrma refratária, acrescente a cebola, as postas de peixe, o vinho branco restante, o fumê e coloque no forno por 12 min. Retire as postas de merluza e reserve, voltando a fôrma ao forno para reduzir o molho. Em uma panela, coloque os vôngoles e um pouco de água, tampe e deixe ferver por 5 min, sacudindo a panela algumas vezes. Reserve os vôngoles abertos e descarte os que não abriram. Misture a amêndoa com as gemas e acrescente ao molho. Recoloque as postas no molho, junte os aspargos e os vôngoles abertos. Derreta a manteiga restante e misture com suco de limão e salsa picada. Regue as postas e leve de volta ao forno por alguns minutos. Sirva a seguir.

Merluza con salsa de ajos

Merluza com molho de alho

Ingredientes para 4 pessoas:

4 filés grandes de merluza – sal – 1 colher de sopa de manteiga – 1/2 litro de fumê de peixe (veja receita na página 17) – azeite de oliva – 8 dentes de alho, picados – 1/2 kg de camarões médios – pimenta-do-reino – salsa picada

- Tempo de preparação: 20 min

Modo de fazer: Lave os filés, enxugue-os e tempere com sal. Unte com a manteiga uma fôrma refratária, arrume os filés, regue com 1/2 copo de fumê e leve ao forno quente por aproximadamente 8 min. Frite em azeite o alho e junte os camarões inteiros. Tempere com sal e pimenta-do-reino a gosto e deixe dourar. Acrescente o restante do fumê de peixe e reserve. Retire a fôrma do forno, coloque os filés numa travessa e arrume os camarões em volta. Junte os dois caldos, leve ao fogo e deixe reduzir um pouco. Com esse caldo, regue os filés e os camarões, salpique com salsa picada e sirva.

◆ Trucha con tomillo fresco ◆

Truta com tomilho fresco

Ingredientes para 4 pessoas:

4 colheres de sopa de manteiga – 1 alho-porro grande, fatiado – 2 cenouras, cortadas em rodelas – 1 dente de alho picado – salsa picada – 4 trutas – sal – 3 ramos de tomilho fresco, picados – 1 copo de vinho branco – 1 copo de fumê de peixe (veja receita na página 17) – 6 colheres de sopa de creme de leite fresco – 2 gemas – estragão – pimenta-do-reino – suco de 1 limão

- Tempo de preparação: 20 min

Modo de fazer: Aqueça a manteiga e refogue o alho-porro, a cenoura, o alho e salsa. Reserve. Limpe as trutas pela barriga mantendo a cabeça e tempere-as com sal. Unte uma fôrma refratária e salpique com o tomilho picado. Arrume as trutas e os legumes refogados, regue com o vinho branco e o fumê. Cubra com papel de alumínio e leve ao forno por 10 min. Retire do forno e coe o caldo. Junte ao caldo o creme de leite e leve ao fogo até ferver. Retire do fogo e junte as gemas, mexendo bem. Tempere com estragão, sal, pimenta-do-reino e o suco de limão. Tire a pele das trutas conservando a cabeça. Arrume as trutas numa travessa com os legumes, e sirva o molho à parte.

◆ Semi tomba ◆

Peixe com batata

Ingredientes para 4 pessoas:

azeite de oliva – 2 cebolas picadas – 4 dentes de alho, picados – 1 kg de batata, cortada em rodelas grossas – 1/2 litro de fumê de peixe (veja receita na página 17) – sal – 800 g de caçonete em postas (ou badejo) – 4 colheres de sopa de aioli (veja receita na página 22)

- Tempo de preparação: 20 min

Modo de fazer: Em uma panela rasa de barro, coloque azeite, a cebola, o alho e as rodelas de batata. Cubra com o fumê e prove o sal; se necessário, adicione mais um pouco. Leve ao fogo e deixe cozinhar. Quando a batata estiver parcialmente cozida, junte as postas de caçonete. Prepare o aioli e coloque-o na panela alguns minutos antes de tirar do fogo. Acrescente mais sal, se necessário, e sirva.

> **Observação:** Este prato é típico da região da Catalunha.

Lenguado relleno con espinacas y gambas

Linguado recheado com espinafre e camarão

Ingredientes para 4 pessoas:

4 linguados médios, inteiros – 3 colheres de sopa de manteiga – 1 maço de espinafre – sal – noz-moscada ralada – 250 g de camarão limpo – 3 colheres de sopa de conhaque – estragão seco

- Tempo de preparação: 25 min

Modo de fazer: Limpe os linguados e tire a pele, mantendo-os inteiros. Unte uma grelha com manteiga e toste os linguados dos dois lados com muito cuidado. Coloque-os em uma travessa. Separe os filés, retire as espinhas e reserve. Lave o espinafre e cozinhe-o rapidamente em pouca água. Escorra-o e esprema bem, pique e passe na manteiga. Tempere com sal e noz-moscada. Cozinhe os camarões em água e sal e corte-os em pedaços pequenos. Junte o camarão com o espinafre e reserve. Recheie os linguados com a mistura de espinafre e camarão e delicadamente remonte o peixe. Coloque em cima pedacinhos de manteiga, regue com o conhaque e salpique com estragão. Leve ao forno para dourar.

Suquet de rape

Caçonete com pasta de alho

Ingredientes para 4 pessoas:

azeite de oliva – 1/2 cabeça de alho – 3 fatias de pão – 1 pimenta vermelha picada – 6 amêndoas – salsa picada – 4 postas de caçonete – farinha de trigo – 6 camarões grandes – 1/2 litro de fumê de peixe (veja receita na página 17) – 1/2 copo de vinho branco seco – 150 g de vôngole

- Tempo de preparação: 20 min

Modo de fazer: Em uma panela de barro ou frigideira grande, coloque azeite e frite os ingredientes na seguinte ordem, um de cada vez, retirando-os em seguida: dentes de alho inteiros, fatias de pão, pimenta vermelha, amêndoas e salsa. Coloque todos os ingredientes fritos num pilão e soque-os até formar uma pasta. Na mesma panela, arrume as postas de caçonete previamente passadas na farinha, os camarões, o fumê, o vinho branco e os vôngoles; deixe cozinhar. Quando os vôngoles abrirem, elimine os que permanecerem fechados. Acrescente a pasta, deixe cozinhar por mais alguns minutos e sirva.

Rodaballo con hierbas aromáticas

Robalo com ervas aromáticas

Ingredientes para 4 pessoas:

1 robalo de 1,2 kg – manteiga – sal – ervas frescas: estragão, cebolinha-verde, salsa, erva-doce – ervas secas: tomilho, louro, orégano, manjericão – 3 colheres de sopa de conhaque – 2 xícaras de chá de fumê de peixe (veja receita na página 17) – suco de 1/2 limão

• Tempo de preparação: 35 min

Modo de fazer: Limpe o peixe por fora e por dentro e corte-o em postas. Unte uma fôrma refratária com manteiga e disponha nela as postas de peixe. Tempere-as com sal e ervas frescas e, em menor quantidade, com ervas secas. Regue com o conhaque e com o fumê já reduzido. Cubra a fôrma com papel de alumínio e coloque-a no forno por 25 min. Retire do forno, passe o peixe para uma travessa e mantenha aquecido. Incorpore ao caldo que ficou na fôrma o suco de limão e manteiga, aos poucos, até o caldo ficar bem aveludado. Passe o caldo por uma peneira e regue o peixe, antes de servir.

Bacalao con crema de puerros

Bacalhau com creme de alho-porro

Ingredientes para 4 pessoas:

800 g de bacalhau – farinha de trigo – 4 colheres de sopa de manteiga – 6 alhos-porros (somente a parte branca), cortados bem fino pelo comprimento – 4 dentes de alho, picados – 1/2 litro de creme de leite – sal

• Tempo de preparação: 30 min

Modo de fazer: Coloque o bacalhau de molho por 24 h, trocando a água várias vezes. Corte-o em postas grandes, passe-as na farinha de trigo e retire o excesso. Derreta uma parte da manteiga e frite o bacalhau vagarosamente, em fogo baixo.
Em uma frigideira, coloque a manteiga restante, o alho-porro e o alho e deixe dourar lentamente. Junte o creme de leite, mexa e prove o sal; se necessário, adicione mais um pouco. Regue o bacalhau com o creme e sirva.

Langosta con estregón

Lagosta com estragão

Ingredientes para 4 pessoas:

1 lagosta de 1 1/2 kg – 1 litro de leite – 1 litro de água – 1 maço de ervas aromáticas – 2 colheres de sopa de manteiga – 2 cebolas bem picadas – 150 g de cogumelo fatiado – 2 tomates cortados em cubinhos – 200 g de camarão fresco – 4 colheres de sopa de conhaque – 1 colher de sopa de estragão – 1 xícara de chá de creme de leite fresco

- Tempo de preparação: 30 min

Modo de fazer: Cozinhe a lagosta por 15 min em uma panela funda, com o leite, a água e o maço de ervas. Depois de cozida, retire a lagosta, separe a carne, corte em rodelas grossas e reserve. Em uma frigideira, derreta a manteiga e refogue a cebola, o cogumelo, o tomate e o camarão. Flambe com o conhaque. Junte o estragão, o creme de leite e a lagosta, aqueça bem e sirva.

Rodaballo al azafrán

Robalo com açafrão

Ingredientes para 4 pessoas:

2 colheres de sopa de manteiga – 2 cebolas picadas – 1 copo de vinho branco seco – 1 copo de creme de leite fresco – 1 envelope de açafrão – 1 copo de fumê de peixe (veja receita na página 17) – 6 filés de robalo

- Tempo de preparação: 20 min

Modo de fazer: Aqueça a manteiga em uma frigideira grande, acrescente a cebola e o vinho, e deixe reduzir o líquido. Depois junte o creme de leite e o açafrão, coe e reserve. Coloque o fumê numa panela e deixe esquentar. Disponha os filés, um por vez, na panela do fumê, deixe-os por alguns minutos e transfira-os para uma travessa. Aqueça o molho, regue os filés e sirva.

Truchas con almendras

Truta com amêndoas

Ingredientes para 4 pessoas:

4 trutas pequenas – 8 fatias de bacon picadas – farinha de trigo – 8 colheres de sopa de manteiga – 1 xícara de chá de amêndoa, torrada e picada – salsa picada

- Tempo de preparação: 20 min

Modo de fazer: Abra as trutas pela barriga e limpe bem conservando as cabeças. Recheie com o bacon picado. Passe-as pela farinha de trigo. Derreta 4 colheres de sopa de manteiga e frite as trutas, em fogo baixo.
Em outra frigideira, derreta o restante da manteiga e frite a amêndoa. Arrume as trutas numa travessa, regue com a manteiga e a amêndoa, salpique a salsa picada e sirva.

Costeleta de cordeiro (veja receita na página 45) ▶

◆ *Conejo con romesco* ◆

Coelho com molho romesco

Ingredientes para 4 pessoas:

1 coelho de 1 1/2 kg – sal – azeite de oliva – 2 xícaras de chá de vinho branco seco – 2 cebolas médias – 7 tomates maduros – 1 pimentão vermelho – 1 pimenta vermelha – 1/3 de xícara de chá de amêndoa torrada – 1/3 de xícara de chá de avelã torrada – 2 fatias de pão, fritas em azeite – 4 dentes de alho, fritos em azeite – 2 colheres de sopa de vinagre balsâmico

• Tempo de preparação: 40 min

Modo de fazer: Corte o coelho em pedaços e tempere com sal. Em uma frigideira grande, coloque azeite e doure os pedaços de coelho. Junte o vinho branco e deixe cozinhar lentamente em fogo baixo. Asse no forno as cebolas, os tomates e o pimentão, depois bata-os no liquidificador junto com a pimenta vermelha, a amêndoa, a avelã, as fatias de pão, o alho e o vinagre. Adicione esse molho ao coelho e deixe cozinhar em fogo baixo até que fique bem macio.

◄ Torta catalã
(veja receita na página 24)

◆ *Pollo con langosta* ◆

Frango com lagosta

Ingredientes para 4 pessoas:

1 lagosta de tamanho médio (ou 1 kg de camarão grande) – sal – pimenta-do-reino – noz-moscada ralada – 1 frango de 1,8 kg – farinha de trigo – azeite de oliva – 2 cebolas médias, picadas – 4 tomates maduros, sem pele e sem sementes, cortados em cubinhos – 1/2 litro de caldo de frango (veja receita na página 40) – 1 cálice de conhaque – 3 colheres de sopa de avelã torrada – salsa picada – 1 dente de alho – 50 g de chocolate meio amargo, picado – 1 envelope de açafrão

• Tempo de preparação: 40 min

Modo de fazer: Corte a lagosta em postas médias, tempere com sal, pimenta-do-reino e noz-moscada e reserve. Desosse o frango, tempere-o com sal e pimenta-do-reino, passe-o pela farinha de trigo e reserve. Em uma frigideira grande, coloque azeite e refogue a cebola até dourar. Junte o tomate e o caldo e deixe cozinhar por 5 min. Em uma panela de barro, coloque azeite e frite o frango. Quando este começar a dourar, adicione as postas de lagosta e deixe fritar lentamente em fogo baixo. Flambe com o conhaque. Acrescente o refogado de tomate e cebola e cozinhe por mais 20 min. Enquanto isso, com um pilão, amasse a avelã com a salsa, o alho, o chocolate e o açafrão. Junte essa pasta ao frango e deixe cozinhar por 5 min. Sirva a seguir.

◆ *Pollo a la cazadora* ◆

Frango à caçadora

Ingredientes para 4 pessoas:

1 frango de 1,8 kg – sal – pimenta-do-reino – farinha de trigo – azeite de oliva – 1 cebola grande, picada – 2 tomates vermelhos, sem pele e sem sementes, cortados em cubinhos – ervas aromáticas: salsão, alho-porro, louro, alecrim, salsa – 300 g de cogumelos fatiados – 1 copo de vinho branco seco – 1/2 litro de caldo de frango (veja receita abaixo) – 5 dentes de alho, picados

Caldo de frango
1 litro de água – 2 cenouras – 1 salsão – 1 alho-porro – 1 cebola – salsa – 3 carcaças de frango – sal

• Tempo de preparação: 50 min

Modo de fazer: Limpe o frango, corte-o pelas juntas e reserve o fígado. Tempere com sal e pimenta-do-reino. Passe na farinha de trigo, retirando o excesso. Em uma frigideira grande, coloque azeite e frite o frango lentamente, em fogo baixo. Quando estiver dourando, junte a cebola, o tomate, as ervas aromáticas, o cogumelo, o vinho branco e um pouco de caldo de frango. Em uma frigideira pequena, frite ligeiramente o fígado no azeite, em fogo alto. Adicione o alho, retire do fogo e bata no liquidificador com um pouco de caldo de frango. Junte esse purê ao frango, deixe cozinhar por mais 5 min e sirva.

Caldo de frango
Coloque a água numa panela funda, junte as cenouras, o salsão, o alho-porro, a cebola cortada em quatro, salsa e deixe ferver. Adicione as carcaças de frango, sal a gosto e deixe cozinhar por 15 min em fogo médio. Coe o caldo numa peneira. Cozinhe por mais 15 min em fogo baixo.

◆ *Pollo con almendras* ◆

Frango com amêndoas

Ingredientes para 4 pessoas:

1 frango de 1,8 kg – sal – farinha de trigo – azeite de oliva – 2 cebolas médias, picadas – 1 copo de vinho branco seco – caldo de frango (veja receita acima) – 3 fatias de pão – salsa picada – 1/3 de xícara de chá de amêndoa torrada

• Tempo de preparação: 30 min

Modo de fazer: Lave e corte o frango pela juntas. Tempere os pedaços com sal, passe-os na farinha de trigo e refogue em azeite numa frigideira grande. Junte a cebola, o vinho branco, o caldo necessário e deixe cozinhar lentamente. Em outra frigideira, frite em azeite o pão e a salsa, deixando dourar bem. Junte num recipiente o pão com a salsa e a amêndoa e, com um pilão, amasse todos os ingredientes até que se forme uma pasta. Adicione essa pasta ao frango e deixe cozinhar em fogo baixo até que esteja macio.

◆ Pato con peras ◆

Pato com peras

Ingredientes para 4 pessoas:

1 pato de 2 kg – azeite de oliva – sal – 8 cebolas, picadas – 1/2 copo de licor de pêra – 1 kg de molho de tomate – 8 peras, descascadas e cortadas em 4

Purê de amêndoa e avelã
2 dentes de alho, picados – azeite de oliva – 10 amêndoas torradas – 10 avelãs torradas – salsa picada – sal – pimenta-do-reino

- Tempo de preparação: 1 h 50 min

Modo de fazer: Limpe o pato e corte-o em pedaços. Tempere com um pouco de azeite e sal e coloque-o no forno quente para dourar. Enquanto isso, numa panela grande, refogue a cebola em azeite e flambe-a com o licor. Junte o molho de tomate e o pato já dourado. Deixe cozinhar por cerca de 1 h 30 min, até o pato ficar macio. Retire os pedaços de pato da panela e reserve. Passe o molho por uma peneira e leve ao fogo para reduzir o líquido. Junte a pera e o purê de amêndoa e avelã. Quando o molho estiver espesso, regue o pato e sirva.

Purê de amêndoa e avelã
Para fazer o purê, frite o alho no azeite. Junte ao alho as amêndoas, as avelãs, salsa, sal e pimenta-do-reino e triture tudo com um pilão.

Sugestão: Para facilitar, use molho de tomate comprado pronto.

◆ Pollo con xanfaina ◆

Frango com xanfaina

Ingredientes para 4 pessoas:

1 frango de 1,8 kg – azeite de oliva – 5 cebolas, cortadas em rodelas finas – 3 pimentões vermelhos médios, cortados em tirinhas – 7 tomates, sem pele nem sementes, cortados em tiras – 1 folha de louro – 1 copo de vinho branco seco – 250 g de berinjela, cortada em cubos grandes, com a casca – 3 dentes de alho – 2 fatias de pão – 1/3 de xícara de chá de amêndoa

- Tempo de preparação: 40 min

Modo de fazer: Lave o frango e corte-o pelas juntas. Em uma frigideira grande, coloque azeite e frite o frango, deixando-o dourar vagarosamente. Acrescente a cebola, depois o pimentão, o tomate, o louro e o vinho branco. À parte, frite a berinjela e depois junte ao frango. Em uma frigideira pequena, doure ligeiramente os dentes de alho, o pão e a amêndoa. Com um pilão, amasse esses ingredientes até se transformarem numa pasta (conhecida por xanfaina). Adicione essa pasta ao frango e deixe cozinhar por 20 min. Se necessário, acrescente um pouco de caldo de galinha.

◆ *Codorniz con hierbas* ◆
Codorna com ervas

Ingredientes para 4 pessoas:

4 codornas, já limpas – sal – azeite de oliva – 4 dentes de alho, esmagados – 1 colher de sopa de alcaparra – 10 folhas de sálvia, picadas – 2 ramos de alecrim – 3 copos de vinho tinto seco – 2 filés de anchova, amassados com um garfo – 8 fatias de pão

• Tempo de preparação: 30 min

Modo de fazer: Tempere as codornas com sal. Numa frigideira grande, coloque azeite e doure as codornas. Junte o alho. Quando dourar, acrescente as alcaparras, a sálvia e o alecrim. Refogue por 2 min. Despeje o vinho e deixe reduzir o líquido. Misture a anchova. Passe as codornas para uma fôrma refratária e regue com o molho. Leve ao forno por 7 a 10 min. Sirva com pão frito em azeite.

◆ *Conejo con mostaza* ◆
Coelho com mostarda

Ingredientes para 4 pessoas:

1 coelho de 1,6 kg – mostarda tipo Dijon – sal – pimenta-do-reino – tomilho fresco – bacon fatiado

• Tempo de preparação: 1 h

Modo de fazer: Lave o coelho e enxugue-o. Unte-o por dentro com mostarda, sal e pimenta-do-reino. Recheie-o com alguns ramos de tomilho e envolva-o totalmente com fatias de bacon. Leve ao forno e, quando o bacon estiver bem tostado, retire as fatias. Recoloque o coelho no forno até assar completamente.

◆ *Codorniz con salsa de aceitunas* ◆
Codorna com molho de azeitona

Ingredientes para 4 pessoas:

4 codornas, limpas – sal – 250 g de bacon fatiado – azeite de oliva – 2 cebolas médias – 1 1/2 copo de vinho tinto – 350 g de azeitona preta, sem caroço, cortada em rodelas – pimenta-do-reino – ramos de salsa

• Tempo de preparação: 40 min

Modo de fazer: Tempere as codornas com sal e envolva-as com as tiras de bacon. Numa frigideira grande, coloque azeite, as cebolas inteiras e as codornas. Doure em fogo baixo. Acrescente o vinho tinto, a azeitona e deixe cozinhar por 20 min. Retire as codornas da panela e arrume-as numa travessa. Reduza o molho que ficou na panela até encorpar. Prove o tempero e, se necessário, adicione sal e pimenta-do-reino. Despeje o molho na travessa, em volta das codornas. Enfeite com salsa e sirva.

Conejo con ciruela

Coelho com ameixa

Ingredientes para 4 pessoas:

2 talos de salsão, picados – 1 maço de salsa e cebolinha-verde, picado – 6 dentes de alho, amassados – 2 cenouras, cortadas em rodelas – 2 cebolas, bem picadas – 2 folhas de louro – 1 alho-porro, cortado em rodelas – pimenta-do-reino preta em grão – 1 litro de vinho tinto – 1 coelho, cortado pelas juntas – 2 colheres de sopa de manteiga – azeite de oliva – farinha de trigo – sal – pimenta-do-reino – 1 xícara de chá de ameixa-preta, sem caroço – roux (veja receita na página 13)

- Tempo de preparação: 1 h 30 min

Modo de fazer: Faça uma marinada com o salsão, a salsa, o alho, a cenoura, 1 cebola, o louro, o alho-porro, a pimenta e o vinho tinto. Coloque o coelho na marinada e deixe tomando gosto por 24 h, na geladeira. Numa panela, derreta 1 colher de manteiga com um pouco de azeite. Acrescente a outra cebola e refogue até murchar. Reserve. Escorra bem o coelho da marinada e empane-o com farinha de trigo. Numa frigideira grande, coloque a outra colher de manteiga e um pouco de azeite e doure o coelho, passando os pedaços já dourados para a panela com a cebola refogada. Coe a marinada e junte-a ao coelho na panela. Acrescente sal e pimenta-do-reino a gosto. Deixe cozinhar por cerca de 1 h, em fogo baixo. Quando o coelho estiver macio, junte a ameixa-preta. Faça um roux para engrossar o molho.

Pechuga de pato con salsa española

Peito de pato com molho espanhol

Ingredientes para 4 pessoas:

1 cebola, cortada em fatias – 1 alho-porro, fatiado – 2 cenouras, cortadas em rodelas – 1 kg de ossos de pato e de galinha – azeite de oliva – farinha de trigo – 1 copo de vinho branco seco – 1/2 litro de água – 3 maçãs vermelhas, descascadas, sem miolo e cortadas em rodelas finas – 200 g de manteiga – 2 peitos de pato – sal – pimenta-do-reino

- Tempo de preparação: 1 h

Modo de fazer: Numa fôrma refratária, coloque a cebola, o alho-porro, a cenoura e os ossos, regue com azeite e leve ao forno quente por 15 min. Mexa para não queimar. Retire do forno, coloque numa panela, polvilhe com farinha de trigo e refogue em fogo alto. Junte o vinho e a água e deixe cozinhar por 30 min. Doure a maçã em uma parte da manteiga em fogo médio. Tempere os peitos de pato com sal e pimenta-do-reino, frite-os na manteiga restante e depois corte-os em fatias finas. Coe o molho da panela e espalhe-o numa travessa. Arrume os filés de pato de um lado e as rodelas de maçã do outro. Sirva a seguir.

Carnes

Cabrito a la barcelonesa
Cabrito à Barcelona

Ingredientes para 4 pessoas:

1 perna de cabrito de 1,6 kg – 4 dentes de alho, amassados – sal – pimenta-do-reino – azeite de oliva – 1 cebola média, picada – 2 tomates, sem pele e sem sementes, picados – 1/2 copo de xerez seco – 1 copo de caldo de carne – 12 alcachofras, pequenas e tenras – suco de 1 limão – 1 colher de sopa de manteiga – 12 cogumelos frescos – salsa picada – 1 copo de molho de tomate – 1/2 copo de vinho branco seco – folhas de cerefólio

• Tempo de preparação: 1 h

Modo de fazer: Esfregue a perna de cabrito com 2 dentes de alho amassados e tempere-a com sal e pimenta-do-reino. Regue com azeite e leve ao forno. Depois de 5 min, junte a cebola e o tomate. Durante o cozimento, respingue o cabrito com o xerez e parte do caldo de carne. Limpe as alcachofras, tire as folhas duras e corte a ponta das outras. Regue com o suco de limão. Derreta a manteiga, junte as alcachofras e deixe dourar suavemente. Cozinhe as alcachofras em água e sal, em fogo baixo. Limpe os cogumelos com um pano seco. Coloque azeite numa frigideira, doure os 2 dentes de alho restantes, adicione os cogumelos inteiros e salpique com salsa. Arrume a perna de cabrito numa travessa e mantenha-a em lugar aquecido. Leve ao fogo a fôrma do assado e junte o molho de tomate, o caldo restante, o vinho, as alcachofras e deixe cozinhar até reduzir o líquido. Espalhe o molho em volta da perna de cabrito. Enfeite com os cogumelos e folhas de cerefólio.

Caldereta al pastor
Cozido de cordeiro

Ingredientes para 4 pessoas:

1 perna de cordeiro novo – sal – pimenta-do-reino – azeite de oliva – 4 cenouras, cortadas em rodelas – 1 salsão pequeno, picado – pimenta verde – 1 folha de louro – fines herbes – 1/3 de copo de xerez – 1/3 de copo de conhaque – 1/3 de copo de vinho do Porto – 1 litro de caldo de carne

• Tempo de preparação: 50 min

Modo de fazer: Corte a perna de cordeiro em 4 partes. Tempere com sal e pimenta-do-reino. Numa panela funda, doure a carne no azeite. Junte a cenoura e o salsão e deixe dourar lentamente. Acrescente a pimenta verde, o louro, as fines herbes, o xerez, o conhaque e o vinho do Porto. Flambe. Adicione o caldo de carne e deixe cozinhar por mais 30 min, aproximadamente. Se o molho estiver ralo, cozinhe um pouco em fogo forte para reduzi-lo. Prove o sal e, se necessário, acrescente mais um pouco.

Croquetas de cordero con salsa de queso

Croquetes de cordeiro com molho de queijo

Ingredientes para 4 pessoas:

1/2 kg de carne de cordeiro, moída duas vezes – 1 ovo batido – 1 colher de chá de alecrim seco – 1 fatia de pão de fôrma, esfarelada – 1 dente de alho, amassado – sal – pimenta-do-reino – azeite de oliva

Molho de queijo
1 1/2 colher de sopa de manteiga – 3 colheres de sopa de farinha de trigo – 1 copo de leite – 1 gema – 1 xícara de chá de creme de leite – 60 g de queijo cremoso

- Tempo de preparação: 45 min

Modo de fazer: Misture bem a carne, o ovo, o alecrim, o pão, o alho, o sal e a pimenta-do-reino. Com essa mistura, forme 16 retângulos e deixe-os na geladeira por 30 min. Enquanto isso, prepare o molho de queijo. Frite os croquetes no azeite. Coloque-os numa travessa, cubra com o molho e sirva.

Molho de queijo
Coloque a manteiga em uma frigideira, junte a farinha de trigo e deixe dourar. Retire do fogo e acrescente o leite vagarosamente, mexendo bem. Recoloque no fogo e continue mexendo até que o molho fique espesso. Retire do fogo, junte a gema, o creme de leite e o queijo. Cozinhe em fogo baixo até o queijo derreter.

Costilla de cordero

Costeleta de cordeiro

Ingredientes para 4 pessoas:

6 costeletas de cordeiro – sal – pimenta-do-reino – 1 colher de sopa de alecrim fresco – 2 colheres de sopa de manteiga – azeite de oliva – 2 dentes de alho, picados – 1/2 xícara de chá de vinho branco – 1 xícara de chá de caldo de cordeiro – ramos de alecrim

Para o caldo de cordeiro:
ossos e sobras de cordeiro – 2 colheres de sopa de farinha de trigo – azeite de oliva – 2 talos de salsão, picados – 1 cebola picada – 2 cenouras, cortadas em rodelas – 2 dentes de alho, picados – 1 xícara de chá de vinho branco seco – sal – pimenta-do-reino em grão – 1 litro de caldo de carne

- Tempo de preparação: 50 min

Modo de fazer: Tempere as costeletas com sal, pimenta-do-reino e o alecrim. Aqueça a manteiga e um pouco de azeite numa frigideira grande. Frite as costeletas de ambos os lados e reserve-as em lugar aquecido. Doure o alho, junte o vinho, o caldo de cordeiro e ferva até reduzir. Arrume as costeletas na travessa de servir, espalhe o molho em volta e enfeite com ramos de alecrim. Para o caldo de cordeiro, salpique os ossos e as sobras de cordeiro com a farinha de trigo, regue com azeite e leve ao forno quente por 10 min. Retire do forno, junte o salsão, a cebola, a cenoura, o alho, o vinho branco e recoloque no forno por 5 min. Retire do forno, acrescente sal, pimenta-do-reino e o caldo de carne e leve ao fogo até o líquido reduzir pela metade. Coe e sirva.

◆ Carne con pera y castaña ◆

Carne com pêra e castanha

Ingredientes para 4 pessoas:

1 1/2 kg de filé mignon, cortado em cubos – sal – pimenta-do-reino – 2 colheres de sopa de farinha de trigo – azeite de oliva – 1 colher de sopa de manteiga – 1 1/2 copo de vinho branco seco – 5 tomates, sem pele e sem sementes – fines herbes – 1 bouquet garni (1 talo de salsão, 1/2 cenoura, 1/2 alho-porro, 1 folha de louro, 1 ramo de salsa, 1 ramo de tomilho amarrados fortemente com um barbante) – 2 dentes de alho – 10 amêndoas torradas – 1 fatia de pão – roux (veja receita na página 13) – 4 peras, descascadas, cozidas – 20 castanhas-portuguesas, cozidas e sem casca

• Tempo de preparação: 30 min

Modo de fazer: Tempere a carne com sal e pimenta-do-reino e passe-a pela farinha de trigo. Coloque azeite e a manteiga numa panela e leve ao fogo. Adicione a carne e refogue-a em fogo alto. Junte o vinho, o tomate batido no liquidificador e coado, um pouco de fines herbes, sal e o bouquet garni. Cozinhe em fogo alto. À parte, frite os dentes de alho, as amêndoas e o pão. Triture num pilão até se transformar numa pasta. Retire o bouquet garni da panela e junte a pasta.
Se necessário, faça um roux para que o molho fique mais espesso. Arrume a carne numa bandeja e enfeite em volta com as peras e as castanhas.

◆ Ternera con berenjenas ◆

Carne com berinjela

Ingredientes para 4 pessoas:

azeite de oliva – 150 g de toicinho cortado em cubos – 1/2 kg de cebola picada – 1 1/2 kg de alcatra, cortada em cubos – 1 folha de louro – tomilho – orégano – sal – pimenta-do-reino branca – 4 tomates, sem pele e sem sementes, cortados em cubos – canela em pó – 1 cravo-da-índia – 1 pau de canela – 2 copos de vinho branco seco – 3 berinjelas pequenas, cortadas em cubos – 200 g de avelã

• Tempo de preparação: 45 min

Modo de fazer: Numa panela de barro, coloque azeite, o toicinho, a cebola e deixe dourar. Adicione a carne e refogue, juntamente com o louro, tomilho, orégano, sal e pimenta-do-reino, por 5 min. Acrescente o tomate, um pouco de canela em pó, o cravo-da-índia, a canela em pau e o vinho. Tampe e cozinhe em fogo baixo até que a carne fique macia. Frite os cubos de berinjela em azeite e escorra. Misture a berinjela com a carne no momento de servir. Torre as avelãs inteiras, salpique sobre o prato e sirva.

Torta de pêra
(veja receita na página 50) ▶

Doces e sobremesas

Brazo de gitano
Rocambole de chocolate

Ingredientes para 4 pessoas:

Pão-de-ló de chocolate:
4 ovos – 3/4 de xícara de chá de açúcar – 1/2 xícara de chá de farinha de trigo – 1/4 de xícara de chá de chocolate em pó

Recheio de manteiga e baunilha:
4 colheres de sopa cheias de manteiga sem sal – 3/4 de xícara de chá de açúcar de confeiteiro, peneirado – 2 colheres de chá de leite – 2 gotas de essência de baunilha

Cobertura:
4 colheres de sopa bem cheias de manteiga sem sal – 1 xícara de chá bem cheia de açúcar de confeiteiro – 5 colheres de sopa de chocolate em pó

- Tempo de preparação: 40 min

Modo de fazer: Faça o pão-de-ló: preaqueça o forno a 200ºC. Forre com papel-manteiga e unte uma fôrma retangular de 20 x 30 cm. Numa tigela, bata as gemas e o açúcar até obter uma consistência espessa. Peneire a farinha de trigo e o chocolate em pó e misture-os ao creme com uma colher. Bata as claras em neve e misture-as cuidadosamente à massa. Despeje na fôrma preparada e leve ao forno por 10 min.

◀ Creme frito
(veja receita na página 53)

Embeba um pano de prato em água quente e estenda-o sobre uma superfície lisa. Em cima do pano, coloque uma folha de papel-manteiga e polvilhe com açúcar. Desenforme o pão-de-ló sobre o papel com o açúcar.
Para fazer o recheio, bata a manteiga até ficar cremosa. Batendo sempre, junte o açúcar de confeiteiro aos poucos e, em seguida, o leite e a baunilha. Espalhe o recheio sobre o rocambole e enrole, com o auxílio do papel e do pano de prato.
Faça a cobertura: bata a manteiga até ficar cremosa. Junte aos poucos o açúcar de confeiteiro e o chocolate em pó. Cubra o pão-de-ló com esse creme e salpique com açúcar de confeiteiro peneirado.

Higos con crema
Figos com creme

Ingredientes para 4 pessoas:

5 gemas – 3/4 de xícara de chá de açúcar – 1/2 cálice de vinho do Porto – 1/2 litro de creme de leite fresco – 12 figos frescos – sementes de papoula

- Tempo de preparação: 20 min

Modo de fazer: Bata as gemas com o açúcar até que fique esbranquiçado. Junte o vinho do Porto e leve ao fogo em banho-maria. Mexa sem parar até obter um creme espesso. Bata o creme de leite com um pouco de açúcar e misture-o cuidadosamente ao creme. Descasque os figos e arrume-os numa travessa. Cubra com o creme, salpique com sementes de papoula e sirva.

◆ *Flan de leche* ◆
Pudim de leite

Ingredientes para 6 pessoas:

2 favas de baunilha – 3 xícaras de chá de leite – 3/4 de xícara de chá de açúcar – 3 ovos – 6 gemas

Para o caramelo:
1/4 de xícara de chá de açúcar – 1/4 de xícara de chá de água

• Tempo de preparação: 1 h

Modo de fazer: Faça primeiro o caramelo: misture o açúcar e a água e leve ao fogo alto, mexendo até dissolver o açúcar. Deixe ferver até caramelizar. Imediatamente, mergulhe a panela em água gelada. Divida o caramelo entre 6 fôrmas refratárias individuais. Para o pudim, corte as favas de baunilha e, com uma colher, raspe as sementes pretas. Numa panela, misture as sementes, as favas e o leite. Ferva em fogo alto, retire do fogo, tampe e deixe descansar por 20 min; retire as favas. Numa tigela, misture o açúcar, os ovos e as gemas. Pouco a pouco, batendo sempre, junte o leite quente. Com cuidado, divida a mistura entre as fôrmas. Arrume-as numa assadeira e nela coloque água até atingir a metade das fôrmas. Leve ao forno por 50 min. Retire do forno, deixe esfriar por 15 min e desenforme.

◆ *Tarta de pera* ◆
Torta de pêra

Ingredientes para 6 pessoas:

Para a massa:
1 3/4 de xícara de chá de farinha de trigo – 1 gema – 100 g de manteiga – 1 pitada de sal – 4 colheres de sopa de água gelada

Para o recheio:
2/3 de xícara de chá (150 g) de manteiga – 7 colheres de sopa de açúcar – 1 ovo – 1 gema – 1 colher de sopa de licor de pêra – 100 g de pistache, descascado e picado – 2 colheres de sopa de farinha de trigo – 6 peras, descascadas e cortadas em fatias – açúcar de confeiteiro

• Tempo de preparação: 35 min

Modo de fazer: Junte todos os ingredientes da massa e misture bem até ficar homogêneo. Coloque a massa numa vasilha e leve-a à geladeira por 30 min. A seguir, abra a massa e forre com ela o fundo e os lados de uma fôrma de aro removível. Faça furos com um garfo e leve ao freezer por mais 30 min. Enquanto isso, prepare o recheio: bata bem a manteiga, depois acrescente o açúcar, o ovo, a gema, o licor, o pistache e a farinha, formando um creme. Retire a massa do freezer, recheie-a com o creme e arrume por cima as fatias de pêra. Leve ao forno. Quando a massa começar a dourar, polvilhe a torta com açúcar de confeiteiro e recoloque no forno para caramelizar.

Doces e sobremesas

Sangría
Sangria

Ingredientes para 4 pessoas:

1 litro de vinho tinto seco – 2 colheres de sopa de açúcar – 1/2 dose de conhaque – 1/2 dose de Cointreau – 1 garrafa pequena de soda limonada – frutas picadas em cubinhos (maçã, laranja, pêssego, cereja, ameixa-vermelha) – gelo picado

- Tempo de preparação: 15 min

Modo de fazer: Numa jarra, coloque o vinho, o açúcar, o conhaque, o Cointreau e a soda limonada. Mexa bem e adicione as frutas picadas. Junte o gelo e sirva.

> **Observação:** A sangria é a bebida (refresco) nacional da Espanha, geralmente preparada com vinho tinto, que lhe confere uma coloração avermelhada, daí o nome. Mas também pode ser feita com champanhe ou vinho branco.

Panallets
Doce de amêndoa

Ingredientes:

1/2 kg de amêndoa sem pele – 1/2 kg de açúcar – 750 ml de água – 1 pitada de cremor de tártaro – 3 ovos – 300 g de pinoles – 1 gema

- Tempo de preparação: 30 min

Modo de fazer: Bata as amêndoas no liquidificador e reserve. Prepare uma calda com o açúcar, a água e o cremor de tártaro. Vá juntando essa calda pouco a pouco à amêndoa, mexendo bem. Adicione os ovos, mexa com firmeza e deixe esfriar. Trabalhe a massa com as mãos por 10 min. Faça bolinhas do tamanho de uma noz, passe-as nos pinoles e vá colocando numa assadeira. Pincele com a gema e asse por 10 min.

Madalenas

Ingredientes:

5 colheres de sopa bem cheias de manteiga sem sal – 3 ovos – 1 xícara de chá de açúcar – casca ralada de 1 limão – 1 xícara de café de licor de anis – 1 1/2 xícara de chá de farinha de trigo – 3 colheres de chá de fermento em pó – forminhas de papel – 1 colher de sopa de essência de baunilha

- Tempo de preparação: 30 min

Modo de fazer: Derreta a manteiga com cuidado para não ferver e deixe esfriar. Bata os ovos, o açúcar, a casca de limão ralada, o licor e a manteiga derretida, até ficar uma massa fofa. Pare de bater e misture cuidadosamente com uma colher a farinha de trigo e o fermento. Encha as forminhas de papel até a metade e coloque numa assadeira. Leve ao forno médio por 15 min. Retire do forno, respingue as madalenas com a baunilha e polvilhe com açúcar. Leve ao forno por mais alguns minutos para dourar.

◆ *Tarta de higos frescos* ◆
Torta de figo fresco

Ingredientes para 4 pessoas:

Para a massa:
1 3/4 de xícara de chá de farinha de trigo – 1 ovo – 100 g de manteiga – casca ralada de 1 limão – 4 colheres de sopa de água gelada – 4 colheres de sopa de açúcar

Para o recheio:
1 kg de figo fresco, descascado e cortado ao meio – 3/4 de xícara de chá de açúcar com baunilha – 1/2 xícara de chá de água – 1 xícara de chá de creme de leite fresco – açúcar – essência de baunilha

• Tempo de preparação: 40 min

Modo de fazer: Misture todos os ingredientes da massa. Amasse bem e rapidamente. Coloque a massa dentro de uma fôrma de torta de aro desmontável e abra-a com a mão, cobrindo o fundo e os lados. Cubra-a com filme plástico e leve à geladeira por 2 h. Com um garfo, faça pequenos buracos no fundo da massa e leve-a ao forno até que fique dourada (cerca de 20 min). Prepare o recheio: numa panela, misture o figo, o açúcar com baunilha e a água, mexendo até dissolver o açúcar. Leve ao fogo alto até ferver, sacudindo um pouco a panela para o açúcar não queimar. Deixe cozinhar em fogo baixo, com a panela tampada, até que o figo fique macio e a calda bem seca. Espere esfriar. Arrume o figo sobre a massa parcialmente assada e já fria. Despeje a calda por cima. Leve para assar no centro do forno até a calda ficar firme. Deixe esfriar. Sirva com o creme de leite, batido com açúcar e essência de baunilha a gosto.

◆ *Flan de chocolate y avellanas* ◆
Pudim de chocolate e avelã

Ingredientes para 4 pessoas:

100 g de chocolate amargo – 100 g de manteiga – 4 ovos – 3/4 de xícara de chá de açúcar – 3/4 de xícara de chá de farinha de trigo peneirada – 3/4 de xícara de chá de avelã moída – 1 pãozinho esmigalhado – 1 xícara de chá de creme chantili – rum

• Tempo de preparação: 1 h

Modo de fazer: Unte uma fôrma para pudim, polvilhe com um pouco de açúcar e avelã moída e reserve. Amoleça o chocolate em banho-maria. Bata a manteiga com o chocolate derretido, as gemas e metade do açúcar. Junte a farinha de trigo, a avelã moída e as migalhas de pão. Bata as claras em ponto de neve bem firme, junte o restante do açúcar e bata novamente. Misture as claras em neve cuidadosamente ao pudim. Despeje na fôrma, coloque em banho-maria e leve ao forno médio por 45 min. Depois de desenformado, enfeite com o chantili. Sirva com calda de chocolate aromatizada com rum.

◆ *Crema catalana* ◆
Creme de gemas

Ingredientes para 4 pessoas:

1 litro de leite – casca de 1 limão siciliano – 2 pauzinhos de canela – 1 3/4 de xícara de chá de açúcar – 8 gemas – açúcar caramelizado

- Tempo de preparação: 20 min

Modo de fazer: Ferva o leite com a casca de limão e a canela. Retire do fogo e deixe esfriar bem. Passe por uma peneira. Bata o açúcar com as gemas e misture com um pouco do leite. Acrescente o leite restante. Leve ao fogo médio para ferver até engrossar, mexendo sem parar com uma colher de pau, sempre no mesmo sentido. Quando recomeçar a ferver, retire do fogo e mexa vigorosamente. Coloque em recipientes individuais. Depois de frio, regue a superfície com açúcar caramelizado.

◆ *Pastel de almendras* ◆
Bolo de amêndoa

Ingredientes:

6 ovos – 1 3/4 de xícara de chá de açúcar – casca ralada de 1 limão – canela em pó – 1 1/2 xícara de chá (200 g) de amêndoa moída – farinha de trigo

- Tempo de preparação: 30 min

Modo de fazer: Bata vigorosamente as gemas com o açúcar, a casca de limão ralada e uma pitada de canela em pó. Bata as claras em ponto de neve firme e misture delicadamente com o creme de gemas. Junte a amêndoa e mexa com cuidado. Unte uma fôrma de torta de aro desmontável e despeje a massa. Polvilhe com farinha de trigo e leve ao forno para assar.

◆ *Leche frita* ◆
Creme frito

Ingredientes para 6 pessoas:

6 colheres de sopa de farinha de trigo – 1/2 litro de leite – raspas de limão – 2 pedaços de canela em pau – 1 colher de sopa de manteiga – 3/4 de xícara de chá de açúcar – 2 ovos – farinha de trigo – óleo para fritar – açúcar para polvilhar

- Tempo de preparação: 1 h

Modo de fazer: Dissolva a farinha no leite frio, junte as raspas de limão e a canela em pau e leve ao fogo brando, sem parar de mexer. Quando estiver quase fervendo, adicione a manteiga e o açúcar, mexa bem e deixe cozinhar por 15 min em fogo baixo. Retire os paus de canela. Despeje em uma assadeira molhada com água fria e deixe esfriar completamente. Corte em quadrados e passe pelos ovos batidos com um pouco de farinha de trigo. Frite em óleo quente e escorra bem sobre papel absorvente. Polvilhe com açúcar e sirva.

◆ *Mantecados a la catalana* ◆
Amanteigados à catalã

Ingredientes para 6 pessoas:

1 3/4 de xícara de chá de farinha de trigo – 100 g de manteiga – 1 gema – 1/2 xícara de chá de açúcar – casca ralada de 1 limão

• Tempo de preparação: 20 min

Modo de fazer: Misture bem todos os ingredientes, mexendo com uma colher até obter uma massa homogênea. Polvilhe a mesa com farinha e abra a massa sobre ela, com o auxílio do rolo, até ficar com 0,5 cm de espessura. Recorte os biscoitos com cortadores de vários formatos ou usando a borda de uma xícara de café. Disponha-os numa assadeira untada e leve ao forno por 10 a 12 min, até dourar ligeiramente.

Churros

Ingredientes para 4 pessoas:

1 xícara de chá de água – 1 pitada de sal – casca ralada de 1/2 limão – 1 xícara de chá de farinha de trigo – 1 colher de sopa de fermento em pó – óleo para fritar – farinha de trigo e açúcar para polvilhar

• Tempo de preparação: 30 min

Modo de fazer: Misture a água com o sal e a casca ralada de limão e leve ao fogo. Dissolva a farinha de trigo em um pouco de água. Quando a água da panela ferver, adicione a farinha de trigo e mexa com força até formar um creme homogêneo. Retire do fogo e continue batendo o creme até ficar fino. Acrescente o fermento e misture bem. Coloque a massa num canudo de confeiteiro, com bico bem grosso. Vá fazendo os churros com cerca de 15 cm de comprimento e colocando sobre uma superfície enfarinhada. Quando todos estiverem prontos, frite em óleo quente. Escorra sobre papel absorvente para retirar o excesso de gordura. Polvilhe com açúcar e sirva.

◆ *Cremat* ◆
Flambado de café ao rum

Ingredientes para 6 pessoas:

1 xícara de chá de rum – 1 xícara de chá de conhaque – 3/4 de xícara de chá de açúcar – 1 pau de canela – casca de 1/2 limão – 1 xícara de café de licor de anis – 4 xícaras de chá de café coado

• Tempo de preparação: 10 min

Modo de fazer: Misture o rum e o conhaque numa panela e flambe. Acrescente o açúcar para avivar as chamas. Mergulhe na calda em fogo a canela, a casca de limão e o licor. Quando as chamas começarem a apagar, junte o café e mexa. Sirva em xícaras de café.

Índice das receitas

Índice de las recetas